神が教育する故、神を信じてついて参れ

なぜ頭の良い血統に実行できず、馬鹿な血統に実行できたのか？

凰祥

文芸社

平成26（2014）年、天に昇る炎

神の光　人間の考えとは違うなり
ピンク・女神　ブルー・男神　紫・高貴な神の姿なり

川の流れのような人の人生、すべて心ひとつ。中心の紫、神の鏡。人の姿をよく見分ける鏡。多くの者たちから山ほどの苦しみが出てくる世の中となり、自分の命を絶つ者も多くなり、金に困り、自らの暮らしなくなる者多くなる。この世10年見ておくなり。色々なことが出てくるなり。

神が鎮座している姿を見せているなり。やっと今まで見せてきた色々な事が見えてきた。そして居場所を造ってくれた事を感謝する。

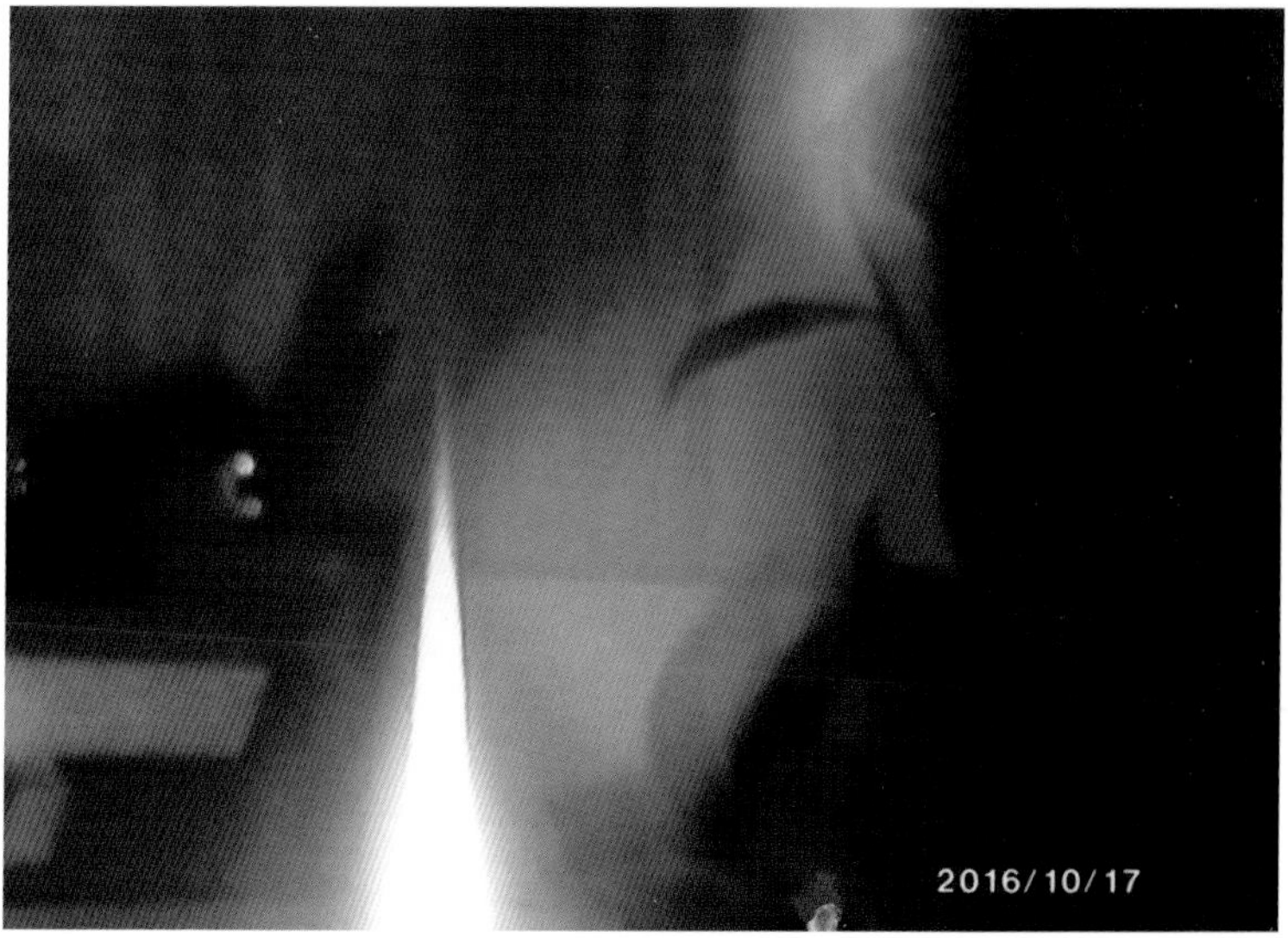

伊勢神宮外宮豊受大神分魂飛来

御降臨の姿を見せているなり

プロローグ　～神より与えられし言葉～

この世には、「なぜこれほどまでに……」と思うほどの、耐え難き人生を懸命に生きている人たちがいる。私自身もその一人であった。

これまでの長い歳月を、過酷な運命に苛まれ、辛い思いをずっと抱えて生きてきた。

幼きときより、身内であるにもかかわらず、心なき人たちから虐げられた半生。二十代で出会った男は、愛どころか人の情さえも知らぬ男だった。自己中心でわがまま身勝手に振る舞い、私の心に、体に、毒針を刺し続けた。

さらに追い打ちをかけるように、四十代の終わりに遭った交通事故で、私は髄膜を損傷した。手足に麻痺《まひ》が出て、三十年以上続けてきたマッサージの仕事もあきらめなければならなかった。失敗すれば四肢麻痺か寝たきりにもなりかねない〝賭け〟のような手術を受けた。その後の懸命のリハビリと神の援護により、人並みの暮らしはできるようになったものの、右手左足の不自由は残ったままで、今もときに強い痛みが走る。

女として、母としての幸せからも縁遠く、二人の子どもをもうけたが、産んだ娘は、夫の先祖の犯せし罪と引き換えに、三十七歳で帰幽した。

そうした不遇に遭って、「畜生、今に見ていろ」と自分を鼓舞することもあったが、ときには生きていることが辛くて、「いっそ、死のうかなぁ」と思うことさえあった。

でもあるとき、この苦しみに耐えた人生を続けたことに意味があったと知ることになる。私は神からの言葉を聞いた。


――この者を、死なすわけには参らぬ。まだやらねばならぬことが山ほど残されておるなり。


頭から聞こえた神の声であった（霊の声は耳から聞こえる）。

半信半疑ながらも、「あぁ、私は死んではいけなかったのだ。これまでの苦しさ、悲しさ辛さもすべて、あるべき私の運命だったのだ」と悟ることができた。そしてこの辛さと向き合い、辛さの原因を知り、その原因となっている魂を理解することができるようになったとき、私の人生もまたこの辛さから解放され、私の生きている意味が示されたのだと信じることができた。

人生において、私に与えられた試練は、私が負うべき性であったのだ。神に選ばれし者の宿命。「人間界は、修行の場」であると神に教えられた。

神を、信じる者もいれば、信じない者もいる。

神の姿を、一般の人々は目にすることは叶わない。だから人は、神の存在を心の目で見ようとしなければならない。

しかし人々は、はるか昔の古代から、神の存在を信じてきた。日本には八百万《やおよろず》の神がいるといわれ、日々の暮らしや自然の中に、人々は神を感じ、敬い、感謝の気持ちをもって生きてきた。八百万の神というのは、一柱の神が複数の名で呼ばれているからでもある。たとえば猿田彦《さるたひこ》大神は、庚申《こうしん》、太田の神、田の神、國底立神、氣の神、怒猛神、興玉の神、道開きの神……このようにたくさんの別名がある。

平成十（一九九八）年、私のところに猿田彦大神がおります、と私が神に伝えたとき、神は、

――それは人間が付けた名じゃ
と私に教え、私は何をしていけばよいか質問した。

――毎日、祝詞をあげ続けなさい
という答えだった。

――人間の知恵・知識、科学、医学が進んでも、心を守るのは神である。

ところが現代において、説明しきれない神の存在を、人々はないがしろにしてしまっている。

神など非科学的なものを信じるのか、神などいないと、神から心を背ける。その結果、地球には今、さまざまな災いが降りかかっている。日本だけでなく地球全体で災いが起きている。水の災い、火の災い、紛争、大地の揺れ、目に見えぬウイルスの侵略――。色々なことで地球が熱しており、南極の氷が解けるなどというのは、気象変動が起きていることの証しである。そして同時に、人間界への神からのメッセージでもある。

私たちが神の存在を忘れてしまうことは、この大切な地球を失うことでもあると、気づかなければならない。

神はその姿を見ることができないため、信じられないであろうが、私は色で、光で目で見える教育を受けた。「見せる教育」である。色・光を出してその存在を知らしめてくれる。神には六十八の色があると教えていただいた。

神はさまざまな場所で、私にその存在を明かす。ときにはお参りに行った神社で、またあるときは自宅の神棚で、突然、光のメッセージが現れる。

ある小雨の夜、私が部屋の中で米粒くらいの物を見た。その小さな粒はあっという間にガラスの向こうに行き、大空へと舞い上がっていった。米粒くらいの小さな光は濃くなったり、薄くなったりしながら、形も大小に変えて一瞬のうちに空へと舞い上がり、段々と大きくなって空いっぱいへと広がっていった。私はその様子をずっと見続けていた。
　このときの神は、真《しん》の神の仕いであった。真の神とは、世界を牛耳《ぎゅうじ》るまことの神なり。人間界と天界を牛耳る神、名は無名なり――。と、神は告げた。

――この者、今、この場にいる意味わかるはず。多くの者のためにかなりやることがあるはずである。今そなたをこの場に迎えたこと、神がそなたを教育する故、神を信じてついて参れ。この世にてやらねばならぬ、神に仕えるそなたの心、やっと気づいたなり。大きな力を授ける故に、それを世の中のために使えば良い。そなたの命は神が預かるなり。

　ナカエドと初めて会った日には、こう告げた。

――心あるこの者を神の元へ導いたなり。

　私は母方の先祖がお世話になっていたから、二柱神社にお礼参りに行くように指示された。夫であった島原の因縁が強いという。
　私は、神によって与えられた使命に納得しなければならない。やらねばならぬことは、その都度、神から指示を受け、実行することだった。詫《わ》び続けることにより、先祖の多くの犠牲となった方々の苦しみ、悲しみ、辛さを心に染み渡らせてきた。先祖の犯せし罪を詫びる内容を教育されて、供養の日々を過ごすこととなった。過去の辛さも、恨みも、今の私の心にはない。

今、生きている人々には知ってほしい。

――見栄、プライド、地位、名誉、金、権力。すべて欲。この世でどれだけ求め、得られても、この世を去るとき何を持っていけるか。何一つあの世に持っていくことはできないだろう。人間界には、俺がいちばん、私がいちばんと競うことの愚かさがある。努力すれば結果はついてくる。

霊とは、心そのもの。死にゆく肉体、心はこの世に残る。汚れた霊は、どんなに望んでも、神の元（天国）へはたどり着けないのだ。血の流れに救いを求めてくる肉体を痛めもする。神の教えに従い、詫び通せたとき、初めて真実の救いの道が拓けることを人々は想像できるであろうか。

私が、人間をやめたいと思いながら歩む中で、神からの救いを得たように――。

もくじ

第1章　なぜに我が身はこれほど辛いのか

貧しき暮らしの中で

すでに新たな令和の時代を迎え、ふた時代も昔の昭和の、しかも戦争のあったあの頃を、記憶にとどめている者はもう少なくなったであろう。だが、日本という国が戦後のとても貧しかった時代に生きた私は、その記憶を今も消すことはできない。

父は医療用ガラス機器を製造する仕事をしていたそうで、戦時中とはいえ、私たち家族はそれなりに豊かな暮らしぶりだったと、後に母から聞かされた。

しかし私が生まれてまもなく、日本が戦争で負けると、首都東京は惨憺《さんたん》たる状況となった。多くの人が空襲で家を失い、職を失い、食べ物も手に入らない。混乱する中で、アメリカ兵が襲来してきて、略奪、婦女暴行が起きていた。父は家族を守るため、父の出生地である静岡県の伊豆へと転居したのだった。

私の上には兄一人、姉が二人いて、私は四番目の子どもとして生まれた。父は生まれ故郷で地元に縁故があったとはいえ、六人家族の食いつなげる仕事にありつけなかった。私が三、四歳の頃、我が家は手元にあったたくさんの母の着物や銅の風呂釜などを売って、食いつないでいたことを覚えている。また、父は下位に下がれず、人に雇われることを拒否していた。友人を保証人として船を買い、海の名所を巡る遊覧船の仕事を始めた。だが波が荒ければ船を出せず収入は〇円、客がいなければ船賃が入らず〇円。とても六人の大家族を養えるほどの収入を得ることは叶わなかったのである。

しかも、〝貧乏人の子だくさん〟とはよく言ったもので、伊豆に居を移してから次々と弟や妹が生まれて、いつのまにか六人の弟や妹ができ、十人きょうだいになっていた。だから我が家はさらに、貧乏極まりない状態になっていたのである。

いくら戦後のベビーブームが到来した時代とはいえ、十人ものきょうだいが、父が古家の材木をもらってきて建てた小さな家にひしめき合う暮らしは衆目を集めたのかもしれない。近くの「平田さんの奥さん」と呼ばれている芸者上がりの金魚屋さんをやっている女性が、我が家に足繁く通ってきていた。だんなさんに娘がいたが、それは前妻との間の娘だった。私はその女性がなぜ通ってきているか知らず、ただ、よく来ているなとしか思わなかったが、母方の祖父母が、「いちばん素直な子を渡すわけにはいかない」と話していたのを聞いてしまった。その後、祖父母の家に私は引き取られたのだが、後に平田さんの奥さんは、私をもらいたくて通ってきていたと、祖父から聞いて知った。

小学校一年から四年生まで、私は祖父母の元で暮らした。小学校に上がるときは、母の弟（私の叔父さん）がセーラー服を買ってくれた。小さな子どもたちがひしめき合う小さな家とは違い、祖父母はまるで一人っ子のように大事に、可愛がってくれた。いつも夜になると祖父母の布団に入って一緒に眠った。その温もりは今もなお忘れがたい。

祖父母は、叔父夫婦と同居していた。叔父は国体で三年連続優勝してプロになった競輪の選手だった。叔父夫婦には子どもがまだいなかったので、その奥さんが私にも同じ食事を作って食べさせてくれ、とても優しくしてくれた。祖父母は多分、一人娘の母のことが心配で、わざわざ埼玉から私たちの暮らしていた伊豆にやってきて、近所に家を建てて住んでいたのだろうと思う。

しかししばらくして、祖父母が以前に暮らしていた熊谷に戻ることになり、私は小学四年生のときに、再び自分の家族の住む家に戻されることとなった。同じきょうだいであっても、別々に暮らしていた私にとって、急転直下の出来事であった。

野良犬、野良猫であればまだ……

私が祖父母に引き取られた後も、我が家では、相変わらずの貧乏暮らしを余儀なくされていた。私を入れずに数えると、九人のきょうだいだったが、七歳上の長女は旅館に就職して家を出ていたため、八人のきょうだいが暮らしていた。兄一人、姉一人、妹二人に、弟四人。それまで一人だけ預かられて祖父母に可愛がられていた私は、妬みの対象となった。姉妹の妬みはとても強く、特に次女からひどくいじめを受けた。

「あっちで何を食っていたんだ！」

「アンタはうちの子じゃない。橋の下から拾ってきたんだ」

「ここの家の子じゃないんだから、帰ってくるな」

次女に、五歳年下の妹が一緒になって、やっかみ半分の言葉を私に浴びせた。私は姉妹の攻撃から逃げるため、家を飛び出し、隣家との隙間に入って、膝を抱えて泣いた。次女は妹を連れて、私は拾われっ子だと触れ回った。五歳下の妹は、私が引き取られていた意味を覚えていないと思う。泣いていた私に、口はガマ口米一升と声に出し近所を一回りしていた。

身の置き場のなくなった私は、せめて外に居場所を見つけようと、小学五年生になると平日は朝五時に起き、納豆の製造元へ仕入れに行き、納豆売りのアルバイトを始めた。起きられないと母に起こされた。また日曜日には友だちとワサビ売りをやった。

中学校に入ってからは、ゴルフ場から迎えに来る送迎バスに乗って、ゴルフ場でキャディーのアルバイトをした。歩くことには慣れていたし、外で体を動かしているほうが、家にいるよりもよっぽど気持ちが楽だった。

幼い私の労働は、たいした収入を得られたわけではない。それでも自分の体を張ってお金を稼げることは、小さな喜びでもあった。けれどもこうして手にしたお金も、家族のために働いているのだと、両親は容赦なく取り上げていく。穴の空いた靴でキャディーをしていると、雨の日には水が靴の中まで入ってビショビショになって重く、冬は霜が入り、しもやけにもなった。

父親からも、きょうだいからも、私は家族としての愛情や優しさ、人を思いやる心というものを味わうことはなかった。私は、祖父母の布団の中で、人としての生き方を教えられたのだが、のちの大人の人生に大いに役立った。大感謝である。

後にヤクザとなった弟の昭二は、子どもの頃から暴れ癖があった。六歳ぐらいのとき、何か気に入らないことがあったのか、医者が手術に使う鋭利なハサミで、横から右下唇を切られた。傷口がぱっくりと開いて大量の血が流れたが、貧乏だった故、医者にもつれていってもらえず、絆《ばん》創膏《そうこう》を貼って凌《しの》ぐしかなかった。満足に食事をとることもできず、しばらくは左口の端から重湯を少しずつスプーンで口の中に入れることしかできなかった。その傷痕は今も残っている。その後、中学一年になった昭二が、欲しい物を買ってくれないからとワガママを通し、母にナイフを振り、止めに入った私の右の手のひらにナイフが刺さった。私が中学三年の頃のことだがまだ傷痕が残っている。何か欲しい物があると、買えと母に殴りかかった昭二。止めようと、私がとっさに間に入って、前歯が二本根元からグラグラになってしまったこともあった。

「なんで人間に生まれたのだろう。野良犬、野良猫に生まれりゃあ良かった。人の顔を見てすぐに逃げられるのに……」

私はこの家族たちと暮らす中で、いつも〝野良〟になりたいと思っていた。

父は大きな口を叩《たた》く割に稼ぎがなく、相変わらず大家族の食い扶持を稼ぐ甲斐性《かいしょう》もない。長女は中学を出てすぐ旅館で働いていたが、世の中が少しずつ戦後の復興で景気づいても我が家の貧しさは変わらなかった。母はいつも、子どもたちがご飯を食べ終わるのを待って、わずかに残ったご飯を食べていた。ときには茶碗半分にも満たないときもあった。その姿が今も目に焼き付いている。また三男を出産する前に鳥目になってしまい、手をつないで歩いたことを思い出す。

そんな貧しい暮らしだから、勉強したくてもその願いは叶わず、中学を出ると自ら働きに出た。しかし働いたお金は、すべて親と妹弟たちの生活費となり、自分のお金は使えなかった。

その頃から、心の中ではいつも「今に見ていろ」と自分に言い聞かせていた。十五歳の頃の私には、まだ一人で生きられる力はなかったけれど、いつかはきっと自分の力で自分の人生を変えてやる。歯を食いしばり「今に見ていろ」と心で叫び、我が身を奮い起こすしか、その当時の私には生きる術はなかったのだ。

理不尽な姉妹の仕打ち

　富士屋（パン製造工場）で店員として働きはじめてからはよく、次女の雅美に怒鳴られながら、体を揉《も》むように要求された。毎日毎日、指が腫れて熱を持ち、痛みはあったがそれを口には出さなかった。こうしてマッサージという技術を覚えた。また、技術を磨くため、見つからないように数か所のマッサージ業者の施術を受けて、良いところを自分の腕にしみこませた。この仕事で生きていくために、他に術がなかったのだ。雅美は後に、稼ぎが少なかったから、親父に頼まれてマッサージを仕込んだのだと、恩に着せた。

　いつまでもこのままの状況に身を置いていては、自分の道は切り拓けない。自分の力で自分の人生を変えたいと思っていた頃、雅美と友人、私の三人で、十八歳のときに上京を決意した。

　先に上京していた長女の和子を頼って雅美とその友人と私で上京し、三人で六畳一間のアパートで一緒に暮らしながら、三人とも都内のマッサージ店に就職した。毎日夕方からマッサージの仕事で働き、昼間はマッサージ師の資格をとるために学校に通った。資格を取る前から一人前のマッサージ師として仕事をし、七対三あるいは六対四の割合で売り上げから歩合でお金をもらい、働くことができた。今なら無資格の違法労働になるのかもしれないが、当時は免許を持っている人と一緒の場合、修業中ということでそれが許された。

仕事は順調で、お得意さんも増え、指名で声をかけてもらうことが多くなった。十代の女性としては、当時としては十分な収入を得られていたと思う。だが家賃は三人で割り勘、実家への仕送りは雅美と折半し、雅美に内緒でさらに別途母親に渡していた。私の下に六人の子供がいた。私は他に学費や交通費も必要だったのをすべて自分で負担していたため、いつも生活はギリギリであった。

あるとき、結婚をした和子から呼び出されて、彼女のアパートへ行った。

「あなたも、少しはちゃんとしたお洋服、持っていたほうがいいと思ってね」

和子はそう言った。家には、和子の知り合いの仕立て屋が待っていた。和子は色々な洋服の生地を私にあてながらアドバイスをする。私が「とんでもない、そんな余裕はない」と断っても聞かず、勝手に姉好みの生地とデザインで、洋服を二着も注文した。

しかし、姉は派手な生き方をしていたから、自分の洋服が欲しかっただけだということには気づいていた。姉は私に月賦払いにして支払わせ、結局その服を、自分の銀座の夜の仕事の通勤着にしてしまった。そのくせタクシーでホテルにお茶をしに行っていた姿が思い出される。

そのとき私は、月賦の支払いで学費が払えなくなり、学校の友だちからお金を借りて、やっと学校に通い続けるという有様だった。

また、私は成人式で振り袖を着たいと思い、お客さんからいただいたチップをコツコツと貯めこんでいた。しかし和子に知られてしまい、「成人式までに返すから」と言ってお金を持っていかれてしまった。私がしつこく言うと、「丸井で月賦で買えるから」と言って、振り袖は付下げに格下げされた。しかも月賦は私の名前で、仕立てた着物は和子の見立て。私はとうとう月賦を払わず、和子に払わせた。

姉夫婦は共働きだった。妹のお金まで当てにしなくていいのに、なんでこんなに業突く張りなのか。金遣いが荒く、節約をせず、夫婦で外食ばかり。

その年、二十歳になった私は資格を取得でき、一人でアパートの部屋を借りた。やっとの自立であった。しかしその後も、車を買ったからと和子夫婦が私の住んでいるアパートに来て、ぐるりと部屋を見回して、お気に入りだったワルツ全集のレコード、レコードプレーヤー、冬用にと丸めて隅に置いておいた敷物、挙句の果てには漬物樽までかっさらっていった。以前注文した洋服は、姉が三年間着た後に古着となって返ってきた。

和子の旦那から一緒にご飯に行こうと誘われ、姉夫婦と私の三人で焼き肉店へ行ったときのこと。義兄は三人分くらいの焼き肉を急いで食べて立ち上がり、

「俺、財布忘れたから、払っといて」

と、外へ出ていってしまった。

最初に同居していた次女の雅美のほうが少しは良かったが、雅美も私が毎月五百円ずつ支払っていた月賦中のミシンを、預かっておくからと言って持っていってしまい、自分のものにしてしまった。苦労して貯めたお金も、やっと買ったお気に入りの家財道具も、きょうだいたちは相手の気持ちなど関係なしに、欲しいと思えば自分のものにした。未だ返してはこない。

身内から足を引っ張られるばかりで、私の青春時代は、いつも金に追われてばかりいた。

こうした人の心根というのは、どうやって作られていくのか。私は九人もの同じ父母の子であるのに、誰一人、心を寄せられる者はいなかった。なんでこんな奴らが血のつながったきょうだいなのか。怒るよりも呆れていた。

先祖の血とは不思議なもので、同じ家系図をたどっても、何代か前のある人の血が、強くある一人の子孫につながることがある。私とその他のきょうだいが、これほどまでに違うこと、これを宿命と言うと、神の教育課程の中で後に知ることになるのだが。

いつの頃からか、「きょうだいとの関係は戸籍上の紙切れ一枚。もうこの人たちとは付き合うまい」と覚悟を決めていた。こちらから電話をすることも数年に一回。たまにあちらから連絡が来ることもあったが、家のほうには一切近寄らないようになった。

仕組まれたワナ

血縁とは、切っても切れぬものだから、どうあがいても見えない鎖でつながっていると感じることがある。それとはもう一つ別に、やっかいな縁というものがあるとしたら、それは男と女の縁である。愛し、愛されて結ばれる縁なら一番いいが、一方的にやってきた男に、がんじがらめにされる縁ほど過酷なものはない。

それもまた、後になって定められし運命と知るのだが……。

私が二十三歳のとき、仕事場に友人と来た、ある男と知り合った。その男の名は島原といった。私は島原に対し、すべてを懸けるほどの感情はなかったのだが、彼はなぜか私に興味を持ったようで、電話で映画に一緒に行こうと誘ってきたり、映画やスマートボールに出かける私に付いてきたりしていた。

あるとき、四男、五男の弟二人が東京に遊びに来て、私が妹と住んでいたアパートで何日か過ごすことになった。せっかく遊びに来るのだから、どこかへ連れていってあげようと思っていたとき、島原からまた映画に誘われた。私が弟が来るから行けないと断ると、

「俺、秋葉原に行く用事があるから、一緒に連れていってやるよ」

私がそのとき、お願いしますと頼んだのが、人生を狂わせた大本だった。

その日、私は仕事が入っていたので、弟に部屋の鍵を持たせて出勤し、夕方から弟たちを島原に任せることにした。そのときは、親切な男だと思い込んでしまっていたのだ。

弟たちが帰ってから後のある日、私が仕事を終えて帰ると、何やら押し入れの中からコトッと音がした。私は不審に思い、玄関の下駄箱を見ると、あるはずのない男物の靴が入っていた。島原が勝手に家に上がり込んでいたのだ。私は押し入れを開けて「不法侵入だ」と文句を言ったが、意に介さず、帰ろうともしない。彼は私の部屋に居座り、そのまま住み込んでしまった。着替えも金もないくせに、人の家で勝手に座り込んで飯を食う。妹は友人のところへ行くと出ていった。私を憎んだであろう。

後に発覚したことだが、島原は弟たちを連れて秋葉原に行ったとき、弟に持たせてあった私の部屋の鍵を寸借して、合鍵を作っていたのだった。それまで部屋に入れてはいない。そうしてタイミングを見計らって、私の部屋に入り込んだのだ。すべて島原の計画どおりだったのである。

後日、私は鍵を替えなかった自分を責めた。

当初から、こんなふうな男であったから、この男を、特別に好きになれるわけがない。だが働いても働いてもほとんどお金が消えてしまう生活から、結婚をすれば解放され、私は自由になれるのだと錯覚してしまった。若さゆえの浅はかな考えだった。

この結婚には危惧すべき予兆がすでにあった。

結婚するにあたり、それぞれの両親が顔を合わせようということになり、私の両親が上京してきたときのことだ。初めて双方の両親が顔を合わせたとき、すでに島原の両親には不安を感じた。

私の母は、実家近くで手描き職人に注文してあった留め袖がもうすぐ描き上がり、後は紋を入れるところまで出来上がったと伝えてくれた。

その話を聞いた途端、島原は、「結納なんていらねえよなあ」平然とした顔で言った。さらに島原の母は驚くべき言葉を付け加えた。

「留め袖の紋は、うちの紋にすれば良い」

嫁入り道具なら、女性は実家の家紋の着物をそろえるのが習わしである。この親子はなんとガメツイ考え方をするのだろうと不審に思ったが、ここまで来てしまったので大人気ないような気がして黙っていた。母も下を向いて、何も言わなかった。

その後、島原が紋図を持ってきた。武家紋だったが、武家の家ほど、人の命を軽んじていたのではないか?

結婚という地獄

島原がアパートを借りたので、雪の降る中を、杉並区西荻窪に引っ越した。入籍前、「会社で金を借りたんだ。俺が借りるんじゃない」と言って、百万円を持ち出したことがあった。延び延びの結婚式を五月に控えたその頃、私のお腹には小さな命が動いていた。外から見える程になって、それを知った義母が、式の前に来て私に向かって言った言葉は、今も忘れない。

「みっともないことをしてくれた。子どもなんていつだって作れる。若いうちに働いて残さなきゃあ残すときはない。さっさと始末して、働きに出たほうがいい」

私が島原にその言葉を告げると、

「親は心配して言ってくれているのが、わかんねえのか」

と逆に怒鳴られた。地獄の始まり――。

ふきん一枚、お皿一枚そろえられない一族の姿、心であった。

義母は夕食時に頻繁にやってきて、我が家で夕食を食べた。食費は、私が以前借りていたアパートの敷金四か月分が戻ってきたお金でまかなっていた。にもかかわらず、「息子が働いた金を使いすぎる」と義妹に話したようで、義妹から「無駄なお金を使いすぎる」と電話が入った。私は話を聞くだけの人。同次元に染まりたくない自分がいた。

この親子の異常さはどんどん拡大していった。二人とも、俺が、私がと嘘《うそ》が多かった。ホラ吹き母子と結婚してしまったという不安が、ふつふつと湧き起こった。

義父母と会ったあとの私の姉妹に「代表取締役」という名刺をバラまいていたのも気になった。私は会社など、見たことがなかった。結婚式では私の姉妹に交通費として熨斗《のし》袋に五千円ずつ入れたら、俺が渡すと言って一円も出さないのに、にこにこと笑って手渡していたのを覚えている。見栄っ張りの始まり。

私は意を決し、地元の区役所に足を運び、福祉課に相談をした。お腹の子はちゃんと産みたい。でも、あの家から逃げたい。家を出て、一人で子どもを育てることはできないものか。しかし役所の対応は冷たかった。当時は、女は結婚して子どもを産むのが当然。一人親など世間様に恥ずかしく、女が生きるための選択肢ではなかったのだ。

「お腹の赤ちゃんのだんなさんでしょう。その人に扶養義務の責任があるから、援助はできませんよ。籍抜いて、部屋を借りていれば、相談を受け付けられるかも……ですね」

お金を使われてしまい家を出られず、国の福祉を頼って相談をしているのに、私の願いはまったく受け付けてもらえなかった。

お腹に小さな命を宿している以上、もう後戻りはできないと覚悟を決めた。

かつての独身時代、私には夢があった。子どもの頃から貧しく、お金に苦労した分、お金の大切さは身にしみていた。人間の世界はお金さえあれば、きっと自分の未来も変わるのだと信じていた。だからお金のために働くことは苦にならなかった。マッサージの仕事が軌道に乗っていたこともあり、私は夕方から朝方まで働いた。寝不足で意識が飛びそうになるときには、眠気覚ましのカフェインを服用して、それでも働いた。家賃に仕送り……。それでも貯めたお金でいつか土地を買い、家を建てたい。そんな夢に向かって頑張っていた。

当時は今では考えられないような金利がつき、郵便局にお金を預ければ、十年で二倍になった。その後の十年も倍になった。だからやっと百万円の貯金ができたときには、十年後には二百万、二十年後には四百万円になると胸を膨らませた。

しかし思うようにはいかなかった。結婚する前、島原がバイト一人と二人で、機械の設計製作事務所をやっているというのは聞いていた。某出版社の社員寮で一緒だった人に後日教えられたが、プレハブの事務所から新しい事務所を借りるための金欲しさに、私が苦労して貯めたその百万円をごっそりと持っていってしまったのだ。

私が借用書が欲しいと言うと、「女は男の仕事に一切口出しするな」と言って取り合わなかった。そんな無責任な会社もあるんだと教えられた。

島原は三鷹に事務所を借りたらしいが、見たことはない。仕事がどうなっていたのか、毎日昼まで布団の子守りをしていた。四月の家賃を払ったのみ、五月末に結婚式後初めての生活費をくれたが、それも結婚式の祝い金の一部を出しただけのものだった。それなのに自分が稼いだ金で食わしてやっているという考えだった。

さらに料理を作れば、また文句を言う。

「俺は鶏肉や豚肉は食わねぇから、牛肉しか出すな」

「じゃがいもと、かぼちゃは食い飽きているから出すな」

夕食時に頻繁に来ていた義母も、口を出してきた。「私は料理学校を出て、活きの良いものを遠くまで買いに行って子どもたちに食べさせて育てた」と言っていたが、事実とは天と地の差。

島原は食費も稼げないうちから私に、

「お前は稼ぎがないんだから、おかずを食うことねえだろう。赤ん坊の分茶碗半分、お前の分茶碗に半分。飯一杯あれば充分だろう」

と言い、義母には、

「俺一人じゃ食いきれねえから、婆さんも食えよ」

と言って、私が作るそばから義母の前に運び、義母と二人で食べていた図々しい親子だ。

義母が「あんたみたいな人にとられる子ども、育てなきゃよかった」と言うので、「連れて帰ればいいじゃない」と私が言い返すと、義母からは何も返事がなかった。

五月にやっと入れてもらった生活費の中から、税金や光熱費を払い、家賃を払い、わずかに残ったお金で食事を用意したのに、いちいち文句を言うのだ。毎日「野菜ジュースを作れ。澄んだところだけでコップ一杯」と言う。当時、生野菜ジュースはお金がかかり、家計を圧迫した。島原は、自分は頭の良い血統だと自慢しても、野菜代の計算はできなかった。ご飯も食べずにおかずばかりを食べて、コレステロール貯蓄に励んでいたのかもしれない。お腹の大きな嫁の口には入らないことが多かった。我が子に栄養を取らせぬ父親もいるんだなあと……。

九月に入り、いよいよ娘を出産するときのことである。

陣痛が始まって病院に入院したものの、陣痛微弱でなかなか出産にまでは至らなかった。

「赤ちゃんが小さいので、一日でも長くお腹の中においたほうがいい」

医師からそう説明され、私は一人、病室でその痛みに耐えていた。

そこへ様子を見に来た義母は、まだ生まれていないとわかると、

「私は看護婦をやっていた。助産婦をやっていた。手術までやって人を助けてきた」

と大嘘を正当化して、私のお腹に両手を載せて、体重をかけてグイグイと押し出した。それでも生まれないとわかるとプイと横を向いた。そのとき、近所の人が「入院中に、一人で食べてね」と持ってきてくれたメロンに目が留まり、

「傷むから、預かっていく」

と、メロンを手にして帰った。未だ返ってこない。

なんと浅ましい。食い意地がまさる母子に、陣痛の痛みの中でも怒りが押し寄せた。

義母が腹を押して出ていったと看護師さんに伝えると、驚いたような顔をして、

「ナースコールを押してくださいね！」

と、呆《あき》れ顔だった。

夫も夫なら、義母も義母。この結婚は、一体何なのだろうと、後悔ばかりが先に立つ。

娘が誕生したとき、病室に入ってきた島原は、「女なんか生みやがって」と言い、義母は「色が黒くて、あんたの家にそっくりだよ」と言った。島原はもっと黒いのに……。

それでも無事に娘が誕生してくれたことだけは、感無量。感謝であった。

しかし私は出産直後は、栄養不足の体になり、歯が折れ、退院まで栄養剤を補給していた。

退院したとき、入院したときの寝間着で帰宅すると、義母が家にいた。授乳しながら昼食は抜き。冷蔵庫から梨を一つだして皮を剝いていると、「体が冷えるから食べちゃだめ」と言って、義母に取り上げられた。お腹が減りすぎ、暗くなってからトイレに入って胃液を吐き、一時意識がなくなり壁によりかかった状態で意識が戻った。

私が子どもを産んだことで、嫉妬がエスカレートした。

心を蝕む夫の暴言

娘が誕生してからも、島原は「俺は社長だ」と威張るばかり。酒、ウイスキー、ビール、タバコ、すべて銘柄指定し、毎朝の野菜ジュースも相変わらずで家計を圧迫し、それが義理の兄嫁や義妹の電話が増える原因にもなった。島原にお金のことを口にすれば、やりくりが悪いんだと言われ、月末には会社の金が足りないと、毎月持ち出しながら、実家では生活費をたくさん渡しているとホラを吹く。計算ができない男だった。私が自分の実家に仕送りしているという夫のホラを信じて、義理の兄嫁、義妹からも嘘の応酬が続いた。毎月持ち出す金のことは知らないようだ。家計簿を届けますかと私が口にしたら、返事がなかった。確認せず責めてはならない。

私はお金のことを口にするのも嫌になり、諦めて早々に仕事を再開することにした。幸い、娘が六か月の頃から子どもの面倒を見てくれる人が見つかり、会社組織のマッサージ店に働きに通うことができた。

お昼過ぎから夕方の五時くらいまで働くと、当時のお金で五、六万円は稼ぐことができた。手に職を持つ強みであった。仕事先にもとても親切にしてもらった。

あるとき、お店の経営者から、子連れで仕事場まで来るのは大変だからと、中古車の購入をすすめられた。頭金を会社で立て替えてくれるとまで言ってくれた。結婚前に取った運転免許が役立つときが来たのだ。

夫にその話をすると、乗り気になった。

「俺が車を見てくる」

夫は一人で出かけていった。責任感、けじめのない欲のみの母子。そんなときには裏がある。夫は勝手に自分名義で気に入った車をさっさと買ってきて、あとの支払いは夫になったが、会社が貸してくれた頭金は、私の給料から天引きである。「ありがとう」の一言もない。

自分が買った車だと家族や友人に吹聴し、義妹には気軽に車を貸した。

娘が生後十一か月の夏、三十八度五分の高熱を出し、私はあわてて近所の小児科へ連れていった。

「これは大きい病院にすぐに連れていきなさい」

医師に言われて、娘を抱きかかえて家に戻ると、夫は布団の中にいた。八月のとても暑い日で、娘は高熱と暑さで肩で息をし、苦しそうだった。私は娘を車で病院に連れていきたかったが、

「タクシーを拾っていけばいいだろう」

布団の中から怒鳴り声。毎日昼まで布団の子守り。仕事がないのかくらいにしか思わない。

怒りがこみ上げてきて、島原が鬼に見えた。人間じゃない！　人間じゃない！　人間じゃな

い！　と三回己れに言い聞かせ、ようやく気持ちが落ち着いた。だがこんな男と争うのは時間の無駄だ。同次元、同レベルになりたくなかった。私は高熱の娘を抱えて家を飛び出し、タクシー乗り場まで歩き、タクシーで荻窪の病院へ行った。娘は麻疹だった。


まだ娘が二、三歳の頃、一緒に近くの店に買い物に行ったときのことだ。

「おばさん、チョコ買って」

隣にいた私に向かって娘が言った。

店主は驚いて、娘に言った。

「売らないよ。何がおばさんよ。お母さんじゃない。誰がおばさんって教えたの？」

「お父さんが、あの人はお母さんではない。家政婦のおばさんだから、おばさんって呼びなって言ったよ」

島原が娘に、私をおばさんと呼べと再三教えていたようだった。

島原の、私に対する態度は一貫していた。妻とも思わず、母とも認めず、常に私を見下し、ただの女中だと思っていたのだ。入籍後、私に吐いた暴言を列挙してみよう。

まずは私の家が貧しかったことを蔑んだ言葉だ。

「馬鹿な血統、貧乏人」——自分が優位に立ちたいのか。

「お前の親姉弟は……」――毎月一円の面倒も見ていないのに親、姉弟から離すため。

「ボロが似合う女だから、ボロを着ていればいい」――服を買わせない。

「お前はとっとけねえ女だ」――口止め。

「ひざまずけねぇのか」――玄関で、おかえりなさいと言ったときの答え。

不法侵入をして、勝手に住みついて仕方なく結婚したのに、この男は言う。

「今度生まれ変わったら、結婚なんかしねえよ」――地獄に行ったら千年、神の元。天国とは無縁。

「その顔があるから飲まずにいられねえ。その顔、どっかに持っていけ」――人形じゃない。

「年増は嫌いだ。俺にはやってくれる女はいくらでもいる」――やってもらえばよい。

苦しい生活を訴えても、生活費を入れていることを盾にする。

「俺は頭が良い血統だから頭で稼ぐけど、お前は馬鹿だから体使わなきゃ稼げねぇ。哀れな女だ」

哀れな女の働く金だけ欲しいのだ。

また、私のいないところで人に平気で嘘を言う。

「あれほど金遣いの荒い女はいない。やりくりさえわからねぇ女」――耳に届くと、馬鹿野郎。

そんな女の金がよく使えたもんだ。

「俺のことを心配したことがない」

税金かからないから言いたいことを言えば良い。

一緒になる前、「着る物、整理しろ。買ってやるから」と島原は言っていた。私が「服を買い直すと言ったでしょ」と言うと、「釣った魚にエサなんかやるわけねえだろう」と答えた。心は幼稚、体は大人の姿。

言葉はこの世の作り物。どんな人間だってうんざりして怒りが湧いてくる。惚《ほ》れて結婚したわけではなかったが、なぜこんな男と結婚してしまったのかと思わない日はなかった。

以前から私が、島原に「別れたい」と言うと、島原は「もう嫌なことは言わない」と言った。しかし三か月も経つと、もっとひどい言葉を浴びせられていた。

義母の仕打ち

娘がまだ三歳の頃、いつものように突然義母がやってきたときに、娘は玄関先で手を広げ、

「おばあちゃんはお母さんをいじめるから、入っちゃダメ」

と言って、両手でとおせんぼうをした。

「親が、子どものところに来て、何が悪い」

義母は娘を突き飛ばして、ドカドカと我が家に入ってきた。娘は倒され、コブができたら、義母は米を取り出し噛んでおでこにつけようとした。瞬間、私が間に入り、

「小麦粉を水で練ってつけたほうが熱が取れる。看護婦の免許を見せてください」

「国に返したから持ってないよ」

義母は言った。もともと持っていないのに。

それから少し経って、知らぬ間に島原が義母と二人連れで借家を見に行って、勝手に母子二人で決めてきて、突然、引っ越すと言い出した。不動産屋に話はつけてきたとは言うものの、お金は手付けしか払わず、結局私が娘をおんぶして通勤して働いたお金の中から払うしかなかった。

昭和四十七（一九七二）年九月二十三日。勝手に転居。仕方なく、お金を不動産屋に払った。

自負する頭の良い血統。能ある鷹《たか》は爪を隠すが、無能を隠すためには毒口しかないのか……。義母と島原の計算の方法がわからない。

自分たちが払う気がなけりゃ、どうしてその家を借りたのか。義母がその家と同じ市内に住んでいたので、親孝行のつもりで親の近くに住みたかったのか。義母は義母で息子のそばに住みたかったのか。マザコンか！

予想したとおりに、家を引っ越してからは、義母が我が家にさらに足繁く通ってきて、ついには入り浸りになっていった。

私と顔を合わせるたびに、義母は言う。これが義母の口癖だった。

「世が世なら、あんたなんか島原の家には嫁になど来られなかった」

あの世とこの世しかないのに。もともとは息子の不法侵入から始まったというのに、義母が息子と母子結婚すれば良い。

夫は夫で言う。

「俺は、おたあさま、おもうさまで育った」

夢でも見たのだろうか、憧れというものなのか。言葉で叩かれて育つと、相手を言葉で叩くようになる。相手を思う心は共になかった。義母も夫も私を見下し、自分たちの家柄を自慢する。だがそれも真実だったかは疑わしい。この家族の財産は、塗装していない古い家だけだった。

あるとき、私の仕事先の人が、某出版社の社員寮に住んでいた、その同僚は、過去の生活、育ちなどを教えてくれた。島原の家は夫たちが小さい頃は、その義父の会社の社員寮八畳一間で一家六人が暮らしていたと。その頃に育んだ心のうちは、辞書の会社の寮で育むものとは反対の内容だったのか。また、義母は他人にホラばかりを吹いていて有名だったそうだ。寮でも嫌われ者。外から耳に入る義母の評判はとても良いとは言えないものだった。それでも義母の口から出るのは、自分たちに都合の良い嘘の自慢だった。

家を引っ越したため、職場が遠くなり、私が仕事を辞めていた時期があった。それがまた義母には気に入らないようだった。

「私は寝ずに働いた。遠くまで、活きの良いものを買いに行き、それを食べさせて育てた」

島原も同じく、義母は寝ずに働いたと言う。

働かせるためならなんとでも言う。嫁はただの家政婦、子どもを産む道具。義母が家に来て、料理をしたことなど一度もない。一品も作ったことはない。

あまりに私を否定するので、私は思わず言ってしまったことがある。

「そんなに寝ずに働いたなら、蔵の一つくらい建てられたでしょうね。私は寝ずに働く体を貰って生まれてこなかったから」

二人とも返答がなかった。そう言われると義母は何の反論もできないのだ。

命をつなぐ

こんな似たもの親子に、子ども一人では到底太刀打ちできない。二人産めばこちらも少しは強くなれる。私はそう思い、この二人に対抗するために、子どもをもう一人産もうと決意した。

昭和四十八（一九七三）年の六月、いよいよ陣痛が来て、娘を連れて病院に行った。島原とは連絡が取れず、仕方なく島原の兄嫁に電話で言付けた。まもなく義兄の車で義母がやってきた。病室に入ると、医師が説明しているのも聞かず、義母は言う。

「こんなところの医者なんか信用できない。今日が今日、生まれるわけじゃない。入院費がもったいないから家に帰ったほうが良い」

義母に一円も借りたことはないのに。後ろにいた医師も呆れて、好きなようにしなさいと、帰宅の許可が出て、一旦家に戻ることになった。

一緒についてきた義母は、嫁の出産間近の体をいたわる気持ちなど到底ない。

「お産は病気じゃない。飯を作っていれば、痛みなんかわからないよ」

どっしりと居間に座り、動こうともしない。私は陣痛の痛みに耐えながら、風呂を沸かしたが、即席ラーメンしか作れなかった。そのラーメンを私と娘、義母の三人で食べた。私が風呂から出てきたら、ようやく島原が帰ってきた。

「体の保証ができるのか！」

そのとき初めて、親を怒鳴る姿を見た。島原は私を車で病院へ連れていってくれた。

病院で再び診てもらうと、赤ちゃんの位置が悪いという。医師は産道に手を突っ込んだ状態で、赤ちゃんの位置を直してくれた。痛みは当然だった。

「これで明日、出産に持っていきましょう」

たいへん苦しかったが、翌日、人工破水させて出産となった。

二人目は男の子だった。「女なんか産みやがって」という夫の毒口も、今度ばかりは聞かずに済んだ。

入院中、出産後、洗濯するものはいないので、一人で血のついた下着を洗っていたら、両手がむくんで指が動かせない状態になってしまった。驚いた医師が、優しく声をかけてくれた。

「こっちでやるから、何でも言ってよ。あんな婆さんにやってもらいたくないよね」

ああ、世間はちゃんと見てくれているんだと、ありがたかった。翌日からは看護師さんが、私の下着を洗ってくれた。

娘のことが心配で、五日目に退院させてもらったが、今回の出産で初めてひどく腰が痛んだ。車で迎えに来た島原が、帰宅途中に八百屋の前で車を停めた。

「なにか買うもの、あるんじゃねえか」

自分が食べたいだけであろう。出産間もない妻への配慮など、相変わらずまったくない男だった。私は腰痛で辛かったが、またなにか言えば暴言が耳に入るから、だまって買い物を済ませた。

出産後も、義母は度々訪れたが、やることはおせっかい、自慢話。たまに洗濯干し。だが食事は義母の分まで作らなければならず、来ないでほしかった。顔など見たくなかった。退院の一週間後、歩くと腰が痛み、思うようには歩けず、自転車で買い物に行った。台所で立っていられないため、椅子に座って食事の用意をした。それを義母に食べろとすすめる島原……？　何を見ていたのか？　どこで頭が働いているのか？　テレビしか目に入るものはないのだ。

しばらくは腰痛が続き、寝返りをうつのもきつい状態だったが、島原はまったくの無頓着で、義母のパートの送りの運転手をやるために、日課のように「朝、六時に起こせ」「六時半に起こせ」と言うが、それより早く起きて、朝食を作らなければならなかった。私は腰の痛みがあってすぐには起きられない。グズグズしていると、「この役立たず」とまた病気が始まった。女は奴隷か！　ただの女中か！

何も変わらない――。何も変えられない（血の流れ）――。この生活を、私はいつまで続ければいいのかと、心は苛まれ続けた。

息子が一歳の頃、近所に子どもたちを見てくれる人が見つかったので、中断していたマッサージの仕事を再開した。借家でマッサージ店を開業したため、目印にと小さな看板を立てたところ、島原はその看板をわざわざ逆さにしていた。マッサージがみっともないなら、すべて自分で稼げば良い。

国家ライセンスを持ち、仕事をする妻が気に入らなかったのである。見栄とプライド、地位、名誉、金、権力を追いかけ、そのくせ金だけは欲しがるのだから最悪である。この親子、人間のきぐるみを着た、動物に見えてきた。

この親にしてこの息子あり

子どもが二人になって、義母の訪問はさらに回数を増やしていった。だからといって孫を可愛がるわけでも、家事を手伝うわけでもない。役に立たないのにもかかわらず、家にやってきては、ときには一週間も平気でたった二間しかない借家に泊まり続けた。

夜、島原は「婆さんは向こうで寝ろ」と言って、勝手に部屋で寝てしまう。隣の部屋に三枚布団を敷くと、隙間がない。義母が真ん中を陣取って横になる。仕方がないので手前に私と息子が寝て、奥に娘が一人で寝ていると、義母は娘を自分の布団に引っ張りこもうとする。娘はその都度目が覚め、それが嫌で、私の布団に潜り込む。三人で一枚の布団に寝ていると、それでも義母が子どもを布団に引っ張りこもうとして布団の中に手を入れてくる。その手を叩いたり、追いやったりを朝まで繰り返し、こちらはほとんど眠れない。

仲のいい親子なんだから、島原と一緒に寝ればいいのに。

イライラとすることばかりが続く。

義母が帰ったあと、また義理の兄嫁から電話が入る。

「おばあちゃんが疲れた、疲れたと言って、いびきをかいて寝ているよ。何をさせたの?」

と、非難がましく言ってくる。おかず一品作ってないのに、夜中に左の布団、右の布団、子どもを引っ張ろうとするから寝不足なのは当然だと心で思うが、口にはけっして出すことはしなかった。寝ずに働ける体じゃなかったのか！

島原がよく連れてきて、義母の泊まり込みが多くなり、解放される場がなく、全員すっ飛んじゃえとガス栓を開けたことがある。島原は「何かあったのか！」と言ったが、これまでの「積み重ね」としか答えようがなかった。みんなでぶっ飛べばすべてが終わると思っただけだ。

子どもたちが小学生になってからも、義母はしばしば突然やってきて、居間のテーブルの横に買い物袋を置き、袋から自分の分だけ一つ、お菓子や果物を出して、

「これはお父さんのお金で買ったものでも、お母さんのお金で買ったものでもない。おばあちゃんのお金で買ったんだから」

と言って、一人で食べていた。そんな義母の姿はいつものことで、子どもたちは欲しいとも、食べたいとも言わず、手を出さなかった。

私が仕事で出かけているときに、子どもたちがおやつを食べていたら、突然義母がやってきたこともあった。「おばあちゃんも同じもの食べたいよ」と言って、子どもたちのおやつを食べてしまったという。

その後、二人の子どもはいつやってくるかわからない義母に備え、風呂場でおやつを食べるこ

とにしたと私に話してくれた。

「お父さんに言うと、お母さんが怒鳴られるから、言っちゃだめ」

弟を諭す娘の言葉に、心をキリで刺されたような痛みを感じた。

それでも懲りずに、決まって夕食時にやってきた。島原が迎えに行って、一緒に帰宅することも多かった。すると島原の態度はいっそう増長した。義母が来るとテーブルに座っていた二人の子どもが席を立ち、二階へ上がる。途端、毎度子どもの座るイスに義母を座らせ、手洗いさえせず、親子で並んで夕食。子供の分を食べてしまう。子供は食べていない。

子どもの夕食などどうでも良いのか。二人で話しながら食べていた。気の回らない男だ。

「電話してから来てください」

何度言ったことだろう。同居人以外の人の夕食を用意しておく家があるだろうか？　せめて電話くらいはするだろう。そのうえ、カップソバは買うなと言う。その性格ならお湯を入れて三分で十分ではないか。食べた茶碗さえ洗えぬ二人。

義母親子は、食べたことがないものが多かったのか、「家の嫁はこれを作らない」という言葉は毎度のこと。料理学校出たと自慢するのなら自分で作ればよい。食堂でもあるまいし、玄関入ったら飯。子供たちを気遣えないのは、俺が、私が一番だからか。

またあるとき、お彼岸だったので、実家に梨を買って持っていったことがあった。私が玄関で

梨の袋を差し出して、

「仏様に上げてください」

と言うと、

「死んだ人間より生きている人間が先だ」

義母はそう言って、梨の袋を奪うように取って、玄関の引き戸を閉めた。まるで餓鬼のような浅ましさだ。島原は、そんな義母の生き写しに見えた。この先の生き様を見てみたいという気もした。

家の中での傍若無人な行いも、その場その場で彼なりの嘘偽りの論を振りかざす。

「言いたいことが言えるのが、家庭ってもんだろう。受け流せないお前が悪い」

とよく言っていた。法律さえ理解できていない。これが某出版社の社員寮での教育なのか！

義母の姿なのか！　原因は何か？　分け合う心なく、恐ろしいほどの食い意地と嘘偽り。義母と島原はそっくりだった。

線香がにおう家

借家に越してから、なんだかどんどんと息苦しくなった。酸素が薄く感じて、息苦しい。「酸素が足りない、酸素が欲しい」と口に出したら、島原から「お前は頭がおかしい」と言われたので、それからは口に出さなかったが、その息苦しさはずっと続いた。

あるとき、隣の家が頼んだ密教の行者が私の姿を見て言った。

「首に縄がかかっている。取ってやるよ」

すると一旦は楽になったが、またしばらくすると、酸素が欲しい日々に戻ってしまった。首を吊った島原の祖母が、私に救いを求めていたのだということは、後になってわかることになったのだけれども。

その後、今度は借家の畳から線香のにおいが出てくるようになった。今のような香料の入った良い香りの線香ではなく、昔からあるキツイ薬草のようなにおいの線香である。最初はどうにかこのにおいを追い出そうと、窓を開け、扇風機を回したのだが、一向にそのにおいは動くことなく室内にこもっていて、月が過ぎるごとに強くなった。

線香を感じたのは私だけではない。娘も感ずるようになり、二人で鳥肌になる日々であった。

困ったものだ、逃げたいと願う日もあった。島原が家を買いたくなったようで、中古の家を見に行っていた頃、借家の隣の田んぼを耕している地主さんの奥さんに何気なく話をした。畑作業の合間に「一休みしたら」と声をかけ、いつも一緒にお茶をしていた奥さんだ。

「島原さんがいなくなると、お茶をもらえるところがなくなっちゃうから」

わざわざ旦那さんに話をしてくれて、横の土地を売ってもよいと言ってくれた。

島原はその話に大いに乗り気になった。地主さんの配慮で、売買は農協が手数料だけで中に入って、不動産屋に仲介手数料を払わずに済ますことができたにもかかわらず、島原は騒ぎ出す。

「お前がグズグズしているから、値が上がった」

感謝の気持ちのかけらも持てない気の毒な人なのだ。

「すぐに売れればいいじゃない」

「お前が悪いとは言っていない」

また病気だ。それでもようやく手続きを終えて土地を買い、家を建てることになった。

家を建てるには、それなりの手順というものがある。まず土地を清めなければならない。

ところが島原一族は、地鎮祭など頭にない。用のない人だ。私は仕方がないので、購入した土地の土を持って一人で大國魂神社に行き、その場で略式地鎮祭をやっていただいて、自ら土地を清めた。

そのときに神主様から、土地の中央に埋める鎮め物を預かったので、それを島原と建築屋の前に差し出した。

「信じる、信じないは自由だ！」

島原は大声を出して言った。そのまま鎮め物をテーブルの上に置いたが、建てる方、頼む方、両者の前に出したのに、その後、この鎮め物を土地に埋めた気配はない。だが鎮め物も見ていない。どこに眠らせているだろう。世の掟、神の掟に逆らう、まったくの罰当たり。世間から離れて自分勝手、身勝手に生きている姿を、私は病気と割りきるようになっていた。

こうして建てた新しい家であったのに、またしても線香のにおいが出てきた。

しかもそれがだんだんにひどくなり、ついには家中に充満するようになってきた。

さすがにあるとき、娘が口にした。

「お母さん、線香くさくない？」

「線香くさいね。親父の頭から噴き出しているよ」

娘は二階に行って確かめて戻り、言った。

「布団の中にいるお父さんの頭から、線香のにおいがものすごい噴き出しているよ」

しばらくして島原が下に降りてきた。

「線香を焚《た》いたのか」

「うちには線香はありません。買いません」

と答えた。本人の頭から出ているといえば、また暴言の嵐が吹き荒れる。病気だから……。都合が悪かったからか、一瞬無言になった。

そのうち、一階にいると木がビシッバシッと割れるような音や、二階の襖を開けて一階に降りたのに、また二階で襖が開く音がしたり、みんなで二階で寝ていると、一階でシャワーがジャージャー流れる音がすることもあった。見に行っても蛇口は閉まったままで、水は出ていなかった。誰かが階段を駆け上がる音がするような現象も起き、色々なラップ音が激しくなってきた。

この線香が島原に由来するものであるならばと、島原の父親と先祖の位牌をつくり、供養することにした。

仏壇代わりにいただいた、三～四段の棚の上に位牌を並べて、毎朝、お茶、水、ご飯、花を供え、線香は焚かずに文明堂のカステラを供えてお経を唱えていると、四日目になって先祖代々の位牌にそのにおいが吸収されていくのがわかった。ユリの香り、ストックの香りが鼻先を、右から左、左から右へと流れた。

あるとき、台所で洗い物をしていると、後ろから「女は道具だ」という声がした。振り返ると浅黒く焼けた顔。下唇が厚く、額に深い横シワが三本入った面長の顔をした小柄な老人が立っていた。義父と顔形が似て見えた。

私は包丁を振り上げた。

「また、殺してもらいたいのか！」

叫んで包丁を振り回すと、開いていた窓から出ていった。霊が殺されたら、再度生まれ変われないのだ。その後も二度ほど、合わせて三回この顔を見ている。線香の張本人であろう。

私たちが家を建てた土地は、鎌倉時代に北条家率いる鎌倉幕府勢と新田義貞率いる反幕府勢との間で合戦が行われた古戦場。その上、墓地の跡地。人が住む土地ではなかった。この土地の因縁が、島原家の因縁とからみあい、過去の怨念が湧き立ち、線香のにおいやラップ音となって現れたのである。ラップ音とは霊からのお知らせである。

全員が風呂に入った後、風呂場を掃除していたとき、窓を開けた瞬間、髪を切られ、たれ下がった黒髪、額から血だらけで目を大きく開いた男が、隣の敷地から見ていた。多量の塩を持って姿を現した場に祓《はら》い給え潔め給え六根清浄と唱え、土地の境にも多くの塩を撒《ま》いた。その後は姿を見ていない。

しっかりと土地を鎮めなかったために起こった現象か、島原の先祖の悪行のなす業か……。そう思っても後の祭りである。

母としての責任

家を建てるとき、島原は友人の義兄という建築会社の社長を連れてきた。でも実際は、土建業をしていて、建築会社を起こしたばかりの実績のない会社の社長だった。我が家が一軒目、最初の客だったらしい。そのような状況だから、出来上がった家は、惨憺たるものだった。居間は板に直接薄いスポンジ付き絨毯《じゅうたん》を貼り付けただけで、まるで建築現場のプレハブの床のよう。お気に入りなのか、１回も取り替えず毎日その絨毯で寝ていた。ダイニングのライトはコードの根元がそのままむき出しになっていた。二階にトイレを造っても、雑巾《ぞうきん》を洗う水道さえない。

島原は、借家から持ってきたびわの木を、土建屋と一緒に庭に植えはじめた。驚いたことに一番悪い方位であった真南に植えようとしたので、私は、ここに植えると、根が家の下に伸びて、その家は衰退すると反対したが、もちろん聞くはずもない。土建屋の人と汗をかきながら植えていた。その後、成長したびわに対し、島原は一度も枝切りすることはなく、私がブロック塀に乗って枝切りしていた。今は歩道の公害となっている（実が落ちて歩けない）。その土建屋は、家に出入りしていた地元の農家の改修を頼まれたものの、その農家の全財産を奪い、妻の実家まで売って逃げた。農家は自宅アパート二棟貸家十三軒全部をだまし取られ、親戚のおかげで何とか住まいを確保した。今は中古の小さな家に住んでいるが、地元の方と身内は島原の友達にだまされたと言っていた。島原は地元で有名になった。

こんな家に住みたいと思っていたわけではない。不満は山ほどあったが、今さら何を言ってもはじまらない。方位は一家離散、ノイローゼ、会社倒産等の大凶方位だった。

だが島原は、家が完成すると満足しているようで、その態度はいっそう大きくなっていった。

「誰のおかげでこの家に住めると思ってんだ」

「誰のおかげでこんなうまいもの、食えると思ってるのか」

一人で食うためか！　俺は社長だと威張るが、私が働いているからなんとか補えていたことを、わかっていないようだった。病気じゃ仕方ないか……。

居間の硬い床の絨毯の上にもう一枚絨毯を敷き、上にホットカーペットを敷いた。ソファは置けない。隣のＤＫは冬になると床からシンシンと冷気がのぼり、流し台で立っていると足が寒さに凍え、温めたくてホットカーペットの上に座ると、島原はすかさず半分スイッチを切る。何という浅ましい心根か。義母が来たり、連れてきたりすると、私の顔を見てスイッチを入れていた。エアコンも同様であった。

平成元（一九八九）年のある日、庭の草むしりを終え、硬い居間で疲れたから背中を伸ばしながら、時間がもったいないと思ってうつ伏せになって新聞を読んでいたら、斜めの状態の腰に突然七十七～七十八キロの体重の島原が不意に乗ってきた。そのとき、ギクリと音がした。私の痛がっている様子をしばらく立って眺めていたが、その後島原は反対側のテレビのほうに歩いていって、知らん顔をしてテレビを見始めた。人間には見えない。

悪かった、すまなかったもなく、医者にも連れていかぬ。

私は痛みをこらえ、日の経つのを待った。後日、自分で病院に行き検査してもらったら、腰椎二か所の圧迫骨折だった。私はこのときから、この腰の痛みがなくなったことはない。

なんでこんな男と一緒にいなければならないのか。

私は何度も離婚話を持ち出していた。

「俺を必要としなければ、俺のほうから出ていく。生活の面倒は見るから」

と、島原はその場限りの嘘をついて、のらりくらりと話を逸らす。

それを聞いた息子は、怒った顔をして、

「家族がバラバラになるなら死んだほうがいい」

こんな家族でも、子どもにとっては失い難いのか。夫は憎くても、我が子は可愛い。息子の口に負けて、がまんして息子が二十歳になるまでは、耐えて忍ぼうと覚悟を決めた。

息子が二十歳になったその時点で、すべてを捨てる。そう覚悟はできていたが、その道はひどく長かった。

息子の心を突き刺す毒針

私がわずかに買えた服は、最低の安物服だった。

「母さん、僕が働くようになったら、ドレスを買ってやるからね」

そんな母親の姿を見て育った息子は、あるときこう言って、私を慰めてくれた。その日はずっと玄関の内側の階段に座り込んでいて、父親が玄関を開けた途端に叫んだ。

「オヤジのバカヤロウ！」

そのまま二階の部屋に入ったまま、その日は夕食にも下りてこず、翌日まで何も食べなかった。子育てする環境は最低だった。

家を建ててからも、島原は、テーブルに子どもの姿がなければ、子どものおかずもすべて平らげてしまった。知人がサザエとアワビを送ってきたときには、十個焼いたサザエを島原に四つ、子どもたちに二つずつ、自分に二つ皿に置いたが、子どもたちが座る前に、すべて島原が食べてしまい、サザエの殻だけ皿に残っていた。特大アワビを刺し身にすると大皿一杯になったが、皿を引き寄せて一切れ残さず食べてしまった。

そのときは流石に私も頭に血が上り、声を荒らげて言った。

「なんなのよ！」

「お前みたいな女と一緒にいて、俺がどんなに辛いか、どんなに大変な思いをしているか。みんな俺に同情して送ってくるんだ。お前みたいな奴に送ってくるやつはいない」

そのサザエやアワビは、私の友人がわざわざ高いお金を払って、私宛に送ってくれたものであった。

あるときは二十匹のししゃもを焼いて、すべて一人で食べてしまい、私の分を焼こうとしたら「食いきれねぇからやめろ」と、ガスを止めるまで怒鳴っていた。もちろん子どもの分もない。

またあるとき、娘が「山かけ食べたいから、一緒に買物に行こう」と言うので一緒に買いに行き、夕飯時に人数分小鉢に入れて用意していた。子どもたちが帰ってきて、「お母さん、山かけは？」と言うので見てみると、すべて島原が食べて、器は空だった。

私は仕方ないので、娘に「ごめんね、明日作るから」と言って、娘のために翌日も山かけを用意して出したのだが、それを見た島原は「また、同じものか」と言って怒鳴った。

「子どもに食わせるのがそんなに嫌なら、子どもなんか生まなきゃよかったじゃない」

と娘が言うと、

「俺が産んだんじゃない。向こうが産んだんだ」

と島原は言った。餓鬼の姿だった。

せめて気分転換にと、知人に畑を借りて野菜を作りはじめた。すると義母は子どもに場所を聞いて、畑にまでやってきて、おせっかいにしゃべりまくる。持ち帰りたいからだ。今は人にやる時代じゃないとウルサかった。

ある日、島原の仕事関係の人が車で来ると、車のライトで畑を照らし、せっかく育てた大根を抜かせて持ち帰らせていた。ジャガイモを作ったときには知らぬ間に同級生の家族を呼び寄せて、食べられそうもない小さな芋まですべて掘り起こしてすっかり持ち去られてしまった。私は一生懸命畑を耕して野菜を作ったのに、家族で食べる分は八百屋で買わなければならなかった。だからバカバカしくなって畑を返した。せっかく義母からの逃げ場だったのに……。

だが、義母も島原も、私がいればこそ、その悪行を生き生きと果たすことに喜びを感じていたのではないかとも思う。私はこの親子は、母子夫婦になれば良いのにといつも思っていた。母と子だけれど何から何まで似ていて、二人で一緒に仲良く母子夫婦として暮らしていけばいいではないかと、二人に何度か言った。そう言うと二人とも無言になった。私などまったく縁もゆかりもなくなってほしいものだ。

島原の口から家族が大事という言葉は、一度も聞いたことがない。

「親ほど大事なものはない」

「親兄弟ほど大事なものはない、わからねえのか……」

耳にタコができるほど聞いた。今に見ていろ、必ず本人に返るから。老いて親兄弟と暮らせばいいのだ。

子どもが中学生になると、島原はことあるごとに、息子に自分の会社は継がせないと言っていた。社長、社長と、威張るほどの会社でもない。家に生活費を入れても、払う税金の計算さえできず、社員も二〜三人、一番多いときでも四人ほどの会社だ。息子だってどう思っていたのか。息子が返事をしたところを見たことはない。

ある日の夕方、珍しく島原が息子に、一緒に飯を食おうと誘って家族四人で、ファミレスへ出かけた。

「好きなものを食べろ。早く決めろ」

父親に言われた息子はステーキを注文した。すると食べている最中に父親は言った。

「一番高いもの食ったんだから、お前が払えよ」

中学生の息子に払えるわけがない。外食は人が多いから、人の分を取って食べないが、平気でそう言える男なのだ。息子はそれ以来、父親とは一切、外食に行かなくなった。

息子が高校に入ってまもなく、五月の連休明けから、学校へ行かなくなった。後になってわかったのだが、その原因は、息子がバイクの免許を取りたいと島原に相談し、却下されたかららしい。

「お父さんの目の黒いうちは、絶対に取らせない」

息子は反抗心で学校に行かなくなったのだ。

高校の担任の先生から電話があり、自宅に訪問してくれることになった。

「息子さんと穏やかに話したいので、親御さんは絶対に怒鳴らないでください」

電話口で先生にそう言われたので、私はそのまま島原にも伝えた。訪問してくれた担任の前で、息子は免許の話をした。

「学校へ行くなら、オートバイくらい買ってやる」

島原は急にそう言いだした。いつも裏表、その場その場の嘘偽りも平気で口に出す。

「免許を取るのもダメって言ったじゃないか!」

息子が言うと急に怒り出し、二人は口論になってしまった。

「あれほど怒鳴らないようにと、電話で言いましたよね」

先生は呆れて、そのまま帰ってしまった。後日、親子関係を察した担任の先生から電話で、

「いつでも退学届は受理します」と言われた。先生は「家があり、両親そろっていてこんな家庭は今までありませんでした」と何度も口に出し、残念がっていた。

結局、息子は高校を辞めてしまい、しばらくはほとんど布団から出てもこず、部屋で引きこもりのような状態になってしまった。仕方がないので、私が、ガソリンスタンドを経営している仕

事先の人に頼んで、アルバイトを始めさせてもらった。

息子はアルバイトに精を出した。これで少しは落ち着くかと安堵していると、貯めたお金でバイクの免許を取り、自分でバイクを買って乗り回すようになった（暴走族とは異なる）。

毎日毎日、バイクに時間を費やすようになった息子は、ほとんど部屋にいることはなくなった。娘は、父親の表裏を知って、口に出すことは避けていた。

それでも私は子どもたちがいつ帰ってきてもいいように、四人分の食事をテーブルに並べた。するとと島原はそのすべてを平らげてしまうのだ。米は一粒も食べず、おかずばかりを食ってコレステロールの蓄積に、一生懸命励んでいた。結果は自分の体に返るのに……。

「だって、あいつら、帰ってこないじゃないか」

が、島原の言い訳。

結果が出たときは遅いが、自慢の頭の良い血統が選んだ道、楽しみだ。

九死に一生の先は……

平成四（一九九二）年五月二十一日。車で伊豆に住む友人を訪ねた帰り、国道一三五号線を東京に向かって走っていたときのこと。湯河原の吉浜橋の交差点で赤信号で停まっていると、日産インフィニティが信号無視をして後ろから追突してきた。私の体は大きく宙に浮き、落ちるときの衝撃で、首に大きな衝撃が走った。同時に足も強く打ち付けた。

一瞬、「信号赤じゃない」と思った。車を移動するのも痛みが走り、厳しかった。車から降りるのも、体の痛みで思うように足が前に出せず辛かった。

パトカーが到着したものの、追突された二台の車に、

「次は箱根の現場に急ぎますから、病院、レッカー車は、各々でやってください」

そう言って、さっさと引き上げてしまった。

まだ私が携帯電話を持つ身分じゃなかったので、なんとかヨチヨチと現場横のホテルまで行き、歩くことができないと、自宅に電話をかけた。

「そうか、歩けねぇのか。一週間でも、十日でも、帰ってこなくていい」

島原はそう言って、ガチャンと電話を切った。事故現場にいろと言うのか？　仕方がないので友人に電話をしたら、親子で現場に駆けつけてくれた。それが人というものである。

その日、友人宅でお世話になったが、いつまでも泊まっているわけにはいかない。友達は病院勤め。患者にまで迷惑はかけられない。エンジンがかかったので、半分壊れかけた車に乗って、自宅に帰る決意をした。ハンドルを握ると、首から肩にかけて痛みが走り、熱っぽく感じた。ふ

くらはぎは、アクセルを踏むと激痛が走った。目もぼやけ、頭はふわふわと安定感がなく、小田原厚木道路を五十キロも出せずに走った。湯河原から自宅まで一時間半くらいだが、途中で休み休み走り、五時間半もかかってしまった。それが精一杯だった

精も根も尽き果てて家に戻ると、島原はその姿を見て、面白い格好だと大喜びをした。

その後、加害者が家までお詫びに来たときには、島原が玄関先に出て、「見てください！　あの面白い格好を」と、指差して喜んでいた。そして、「家の会社で、証明を書きますから」と言った。慰謝料が目的なのはすぐにわかる。ネックカラーを面白がる人もいるんだ。

手はしびれ、体に力が入らず、マッサージの仕事ができるはずもない。それでも島原は容赦がない。

「子どもたちは何時に帰ったか」と毎朝聞かれ、夜は「朝は何時に起こせ」と命令する。遅れてしまうと、寝ている横に来て、「お前みたいな女、当てにしねぇ」と叫ぶ。それならほっといてくれればいいものを、なんだかんだと口先で命令する。内弁慶であった。

ふきんを絞っても、手に力が入らずに水がダラダラと滴り落ちる。台所に立てば、かかとからふくらはぎまで針が刺さったような痛みが貫く。一度、「痛い」と口に出してしまったら「痛いと言えば人が同情すると思っているのか」と返ってくる。テレビの子守りばかりで動かない人。何も手伝わない。食べた皿さえ洗えず。何もしないなら食べるのもやめればいいのに。

体温調節ができず、弱いエアコンで体調を整えようとすると、エアコンを付けていると怒り、ホットカーペットに座って足を温めているとスイッチを切る。流し台に立っているとき足が冷えて痛むので、温風ヒーターをつけていれば、「消せ！」と大声が響くのだった。聞こえないふりをしていると、了解なく消しにきた。島原だけホットカーペットで寝ながらテレビの子守り。

働けない体で、こんな仕打ちを受けて、もう逃げたいと思ったが、息子が二十歳になるまではと、歯を食いしばった。息子がこの父親と同じ姿に育たねば良いが。同じ姿の大人になったら相手の女性がかわいそうで気の毒である。私も親身になる気はない。

二か月半の入院生活

通院中、右手の筋萎縮が進んで、あまりの辛さに翌年の平成五（一九九三）年一月から入院することになった。骨移植の説明をされていたのに、入院したらクラッチフィールド治療に変わっていた。

治療は頭蓋骨の左右に穴を開けて金属を付け、重りをつけて牽引をするのだという。医者からは三か月ほどかかると説明された。しばらくは外へ出られない覚悟だった。それでも現在の体を襲う痛みから解放されるのであれば、耐え忍ぶしかなかった。

島原には入院費用として、二十万円を預けた。だが不安を感じて、病院にも無理押しで二十万円を預かってもらった。島原に持たせた二十万円はどうなるかわからず、病院に迷惑をかけたくない一心だった。

一度目に数日分の請求が来たときは島原が払ったが、二度目の十日ごとの請求書、二月、三月分は支払いを拒否した。

「そんなもの、使っちゃってねえよ。いくら使ったか、知らねえよ」

予想は的中であった。なんのために病院へ来たのか。あるとき、社員一人つれて見舞いに来た島原は、頭に金具を埋め込まれ、ベッドに横たわる私の姿を見て、嬉しそうに笑う。

「こんな姿、めったにできねえから医者に言って、回転灯でも付けてもらえ」

一緒に来ていた社員も「そうだそうだ」と言った。情けない、同レベル。

医師から家族に説明したいと言われたが、その話をしたらとても驚いていた。

「家族じゃないんですか。そんなご家族もいるんですか」

それから医師は、家族に説明しますとは言わなくなった。

三月の彼岸に入る頃、私は相変わらず入院、牽引中。そんな状態を島原は目の前で見ていたにもかかわらず、頭から金属が外れたら平気で言う。

「墓参りに行くから、外出許可をとっておけ」

どこに入院中の患者を墓参りに連れていく家族がいるか。島原は自分の父親の納骨日に墓の場所さえわからぬ者。それでも最後の墓参りと区切りをつけ、外出許可を取って病室で待っていた。

「お母さんに、帽子を買わなきゃダメ」

娘が、坊主頭の私を気遣って言ってくれた。娘には私の入院中、月五万円でこんな男の飯、洗濯、掃除などを頼んでいた。

だが島原は、突き放すように言った。

「そんなの、行くとき買えばいいだろう」

病院の近くに、たくさん店があるのに……。一人で墓参りさえできない、自分のお金で花を買ったことはない。

ようやく三月も末になって退院することができた。牽引しているときよりはずいぶん体が楽になったから、これで少しは動けるようになると思っていたが、いざ退院して食事の支度や洗濯などの家事をしてみると、状態はそれほど改善していなかった。再び手足にしびれや痛みが出てきて、家事ができる体にはならなかった。手のひらから指先まで走る痛み、部分的筋萎縮も広がった。

それでも私が踏ん張れたのは、まもなく六月だったからだ。やっと私が耐えに耐えながら待ち望んでいた息子の二十歳の誕生日がやってくるからだった。

ただ、不安だったのは、働けない体での家出につきまとう生活費だった。

覚悟の家出

五月になって、私は自分名義でアパートを借りた。まもなく息子が二十歳になれば、それが親としての責任を果たせるとき。ついに決意のときが近づいていたのであった。

働いても働いても島原の欲望に消え、思ったような蓄財はできなかったが、それでもようやく貯めた二百万円があった。この新たなスタートに向けて、近所の人が手伝ってくれて、布団一組、キャンプ用の鍋、ヤカン、ほんのわずかしかなかった着替えを持って、息子の誕生月の六月のはじめに、誕生日を待たずに二度と戻らぬ覚悟で家を飛び出した。金が尽きたら死を覚悟していた。

もう人並みに働ける体ではなかった。今後はいつまで通院費用がかかるかもわからない。それでも後戻りはしない。家賃を支払いながら最低限の暮らしで命をつなぐしかなかった。古くからの友人たちが、お金を出し合って、生活の援助をしてくれた。本当にありがたいことだった。感謝しきれない。私を不安にさせた要因の一つが、無収入であったことだった。残高が十万円しかない貯金通帳を持って、市役所の福祉課に相談に行ったことがある。家賃、治療費、交通費、生活費……。事故が解決したときには、返却できることも伝えた。

しかし、その対応は予想外に冷たかった。

「籍が抜けていなければ、旦那さんが扶養責任者ですよ」

「何度来ても、ダメですよ。対象外ですから」

多摩川でテント生活していた人を連れてきて、アパートに住まわせて保護していた時代の頃であった。

福祉とは何なのか。本当に困っている人の実情をわかっていないのか。福祉という名前だけの、きれいごとではないか。真実の福祉の中身だった。ほとんど相手にもされず、私は不自由な体を引きずり、アパートへと引き返した。後日、市長に直接話をした。市長は「どう見てもあんた、なんでもないじゃないの」と言う。人間の見える形、聞こえる声しかわからない市長だった。

昨今のＤＶ被害のように、その頃は警察もとりあってくれなかったが、そのアドバイスは的中していた。

「ご主人のその性格は生きているうちは治りませんよ」

私と同感であった。裏メモで残っているだろう。

私の状況を案じた女友だちが、夜、電話をかけてきた。

「必要なら、五十万でも百万円でも、言ってちょうだい。明朝、すぐに振り込むから。命を最優先にしようよ」

その言葉が、うれしかった。これまで、人の付き合いでは、義理、人情、責任感を第一にして生きてきた。だからこそ、そんな私を認めて、こうして手を差し伸べてくれる人が複数いた。私の生き方は間違っていなかったのだ。

その後、障害があるのなら、障害福祉課で相談したらどうかと、友だちがアドバイスをしてくれたので、再び私は市役所へと足を運んだ。

私が体の障害の状態と手術をした診断書のコピーや障害者手帳を持参し、現状の生活を説明すると、現在のような障害の状況であれば、居住五年以上の市民なら家賃の半額を補助してくれる制度があると担当者は教えてくれた。私はさっそく申請書を書いて提出し、ようやく市から家賃の半額援助と障害者福祉手当、月七千五百円が受けられるようになった。

四肢麻痺をかけた頸椎の手術

私は家を出てからも、前回手術をした隣の市の大学附属病院に通っていた。

人とも言えぬあの男からついに解放され、心の安らぎが少しは体の状態を良くしてくれるかと願っていたが、首にはネックカラーをつけ、その思いとは裏腹に、足から首まで体を突き抜ける痛みは厳しかった。言葉で表すなら、二十から二十五センチはあると思われる太い針が五本くらい、踵《かかと》からふくらはぎまで突き刺さっているような感覚だ。さらに足裏の土踏まずから指の付け根まで、焼けた砂の上を歩いているような灼熱痛を感じる。左足はほとんど床につけることができなくなっていた。首を触ると、象の皮膚のような異常な厚みを感じた。体温調節も不可能で、暑さ、寒さが体中を襲う。

私が診察室で首の痛みを訴えると、医師が後ろから入ってきて、両手で左右の耳を手で押さえて頭を持ち、グルッと回した。

私は激痛に悲鳴をあげると、医師は呆れたように、

「回るじゃない。あなたは人の十倍、二十倍、痛みを感じる体質なんですよ」

なんという言い草か！　事故に遭うまで、痛みを感じやすい体だという記憶はまったくない。だが、どんなに涙の抗議をしても、右から左へと聞き流し、私の考えすぎだと診断した。

その頃だった。

――この者を、死なすわけには参らぬ。まだやらねばならぬことが山ほど残されておる。

頭から聞こえた天の声としか思えない。仏の声は耳から聞こえるからだ。事実なら、挑戦するしかない。

医師とはなんなのか。患者を苦しみから救おうと、努力するのが医師ではないか！　金、欲と権力に走る医者もいる。医局長の肩書きを先に口にしていた。

私はこの苦しみからどうにか放たれたかった。そのためにも別の医師からの診断が欲しかった。今のようにセカンドオピニオンという考え方はほとんどない時代であったが、私は転院したい、医師を替えたいと看護師を間に涙の抗議をして、これまでの検査で撮影したＣＴとＭＲＩの画像をその病院からやっとの思いで貸し出してもらい、他の病院へ相談診断に行った。

医師はこの画像を診て、とても驚いていた。

「大学の附属病院でありながら、なんでこんな重症患者をうちに回してきたのか！」

私に怒りをぶつけてきた。それは患者の立場を考えての言葉ではないと感じたが、色々検査して、返事だけ書いてくれた。

「これは重症だよ。事故なら、示談にしたら絶対にダメだよ。サインしないでね」

私はその医師からの診断結果の手紙をいただき、再び附属病院に戻った。これが功を奏してか、二か月くらいしてやっと、新たな治療方針が示された。

「あなたも働きたいでしょうから、手術をしましょう」

医師の言い訳だった。

「以前は、手術の説明を受けて入院したとき、骨移植をしないで頭に穴を開けましたが、今度はどこに穴を開けるんですか?」

「今度は、骨移植します」

以前は部長から骨移植の説明を受けて入院したが、担当医がクラッチフィールド治療に変えたのだ。しかし私の体は、体温調節ができないので、病院の冷房が効いていると、体に痛みが走り、耐えられない。

「冷房の中にいられないので、暖房になったら手術します」

「いいですよ」

こうして私は、事故から三年半経った平成八(一九九六)年十月になって、骨移植手術をすることになった。

今回は、骨盤の骨を採骨し、首の椎間板を取り、その場所に移植する手術だった。医師は説明しなかったが、もし手術に失敗した場合、四肢麻痺になった人を数人見ていた。覚悟を決めての手術であった。身内の者には入院も手術も知らせずにいたので、友人たちがすべてを助けてくれ、手術の当日も来てくれていた。友人の話では「手術時間は六時間半もかかったよ」ということだった。

麻酔から覚めるとベッドの横に医師がいて、表情も変えずに言った。

「我慢強いよな。膜が破れていたんだよ」

「先生が、痛がりやだと、我慢させたんじゃないの!!」

言葉に出して、言い返した。医師はすぐに部屋から出ていき、その後、医師からの術後の説明は一切なかった。すべて看護師任せであった。回診は素早く移動し、話す時間も与えてくれなかった。入院中に見る患者たちは、医師に対して金、金、金の話ばかりであった。手術お礼の袋を見せて、十万円、三十万円という話が飛び交っていた。私は仕方がないので担当医に五万渡したが、当然なのかありがとうも聞いていない。手術の説明もしてくれなかった。部長回診のときに三万円を折りたたみ、部長医師のポケットに素早く入れた。

「手術の説明をしてください」

「右足は良くなると思いますが、左足は困難です。両腕は今とさほど変わらないでしょう」

それが答えだった。すべて金の世。

私の右手のひらは白一色で、握力と感覚はほとんどなく、中指が少しだけ動かせる程度。左足首は神経の手術をしたらしく、手術後、足首は手術してシーネで固定され、内くるぶしに沿って八センチ、ふくらはぎの内側の五センチほどの手術跡の説明を求めても担当医は、なんでもないとしか答えなかった。なんでもない所を勝手に切ったのか？　シーネで固定してあったときは、痛みから解放された感じで嬉しかったが、今でも痛みは残り、冬は靴下二枚の間にカイロをはさみ、我慢をしている。

首の痛みもひどく、耐えきれなくなるとブロック注射で痛みを抑えるしかなかった。

こんな状態であっても、三か月の入院と言われたところを、二か月半で早々に希望退院した。入院していても、ほとんど前に進めないと思ったからだ。医師から「車椅子の証明書を書きます」と言われたが、「結構です」と断った。

退院してからは、ブロック注射をうちに病院に通い、注射が効いているうちに帰宅した。

病院でのリハビリを途中で断り、私は自己リハビリに励むことにした。マッサージ師としてのこれまでの知識と経験が役立った。以前、学校で学んでいるとき、研修先の大学病院の解剖室の先生と気が合い、大学の人体解剖室に何度も入れてもらった。先生と親しくなり、学園祭の日まで勉強させていただき、そのときに神経の勉強をしたことも、とても役に立った。

あるとき、コップを洗おうと右手にアミのような四角い食器洗いに洗剤をつけて巻いて、左手でコップを回して洗っていたら、痛みはないのにポタポタと血が落ちた。見るとコップが割れて薬指がぱっくりと切れて、傷口から血があふれていた。ティッシュを何回も替えても血が垂れるので、厚く重ねたガーゼを載せて包帯を巻いたが、それでもすぐに血で染まり、何度も交換しながらテープで押さえた。次の日、病院へ行ったら、麻酔なしで六針縫った。糸を絞ったときにかすかに感じたくらいで、傷は深かったかもしれないが、痛みはまったく感じなかった。

傷口が治ってから、自室でなんとか動かせた左手でお湯を沸かし、風呂場の洗面器で手足を温め、冷めるとまた湯を足して、その中で指を動かす練習を百回以上繰り返した。また、まち針と針刺しを三つ用意して、台の上に肘をつき、左手の上に右肘を乗せて、針刺しに移し替える練習を一時間以上繰り返した。だが、右腕は思うようにならなかった。そこでさらにサウナに通い高温の中で体を動かして、自力運動を始めた。継続を覚悟して動くようになった指。加圧トレーニングに通い始めて数か月後、手のひらに薄く赤みがさしてくるようになった。

すべて、長期間の継続トレーニングであったが、諦めずに続けていると、しだいに人間の体の機能が徐々に取り戻されていくことが実感できた。私は少しずつ、回復に向かうことができた。自分ひとりの力で、こんな行動ができたことは、不思議であった。

保険会社とのトラブル

事故に遭ってから、その解決もできぬままに、二年、三年、四年と歳月が流れていった。赤信号で停車中に車に突っ込まれたのだから、こちらにはまったく落ち度がなかった。それなのに、なかなか生活救済が成立しなかった。その間、仕事はできず、治療費はかさむばかり。家を出た私を、さらに苦境へと追い込んだ。

生活救済が進まなかったことには理由がある。私の場合、自分が入っている保険会社と、事故の加害者が入っていた保険会社が同じで、保険会社が支払いを渋ったのだ。

この保険会社は入院治療してないうちに弁護士を回してよこし、病院の受付前で弁護士が、「痛いうちが後遺障害で、痛みがなくなったら後遺障害ではありません」と言った。ふざけた弁護士の委任書類は拒否権行使で返送した。

このとき、私を支えてくれたのは、九人もいたきょうだいでも、二十四年ともに暮らした家族でもない。私がずっと長く付き合っていた友人たちであった。損得もなく、ただ私のために手を差し伸べてくれる友人たちがいた。人としての行いは、すべて自分に返ってくるのであった。

事故解決のために頼んであった弁護士は、これ以上無理ですからと降りてしまった。だが、国土庁長官経験者のいとこと付き合っていたおかげで、車で迎えに来てくれ、先生の事務所に連れていってくれた。

「やられ損か！」

それが先生の第一声であった。私は損保を認可したのは大蔵省保険第二課であることから、大蔵省に電話したが、名前さえ教えてくれず、答えがなかったことを話した。すると先生自らが大蔵省に電話をしてくれ、返事は秘書と私に連絡するようにと指示してくれた。その後、保険会社から電話があり、やっと「救済する」と言ってくれたが、やってきた担当者の言い草がまたひどかった。

「死亡診断書一枚のほうが楽です」

体が不自由な私の姿を見ながら、平気でそんな言葉を口にする。その保険会社の担当者は、阪神大震災で会社がずいぶん助けてくれたこと、水まで届けてくれてありがたかったなどと、その場その場の感謝の気持ちは口にするが、相手を思う心は皆無。

保険は、入るときは安心を買うと聞くが、怪我、死亡、事故全体を保障するのが損保会社の本来の役割であろう。認可したのは大蔵省保険第二課と記憶しているが、大蔵省は名前を言う必要もないと、個人には回答しない。相手の名前を聞いても「名前を言う必要はないです」と教えてもらえなかった。それが大蔵省の姿であった。

病院の患者たちの間でも、その保険会社は支払いの悪い会社だと噂《うわさ》が立っていた。後年、不払いが問題となり、三か月の営業停止処分を受けた。多くの人が、おそらく私と同じような目に遭っていたと思う。

払いたくない保険会社

私が選んだのは、交通事故紛争センターだった。何回も足を運んだ。当初、医師からもらった診断書には、骨盤から骨を採骨したにもかかわらず、傷痕、髄膜損傷不記載だった。それを医師に直談判したら、「あなたのためを思って書きました」と、患者がたくさん待っている廊下でチグハグな答えをもらった。

私は交通事故処理センターに相談した。診断書の不備をセンターに話すと、担当者が病院に予約を取ってくれ、診断料を払ってくれた。骨盤の採骨部のX線写真を証拠として添付、私の骨盤にセラミックのパイプが入っていたのを初めて見た。手足の障害も、何一つ検査をしてもらった記憶はなかったので、握力ゼロ、知覚ゼロと、診断書にチェックを入れ直してくれた。病院から診断書が送付されてから、交通事故紛争センターと保険会社の交渉が進み始めた。

交通事故紛争センターには、まず息子が二回ほど車を運転して連れていってくれたが、その都度お金がかかるため、毎回頼むわけにもいかず、辛い体を引きずって、電車で何度も、新宿まで足を運んだ……。

そしてようやく、示談の交渉が行われた。

「ここは、簡単な裁判だと思ってください。保険会社がこれ以上出す気がない場合、合図するから印鑑だけ持ってきてください」

平成十（一九九八）年にやっと事故の示談が成立し、入院、治療費は保険会社の支払いとなり、慰謝料を手にすることができた。と言っても、遊んで生活をしていたら尽きてしまう。これは確かに一つのゴールではあったけれど、かつてのようなマッサージの仕事もできず、日常生活にも支障をきたし、同姿勢が保てない。痛みで悲鳴を上げるこの体は、いくらお金を積まれても、事故以前のようにはもう戻らないのだ。別の医師からは十五分以上同姿勢禁止と告げられた。

まとわりつく夫の影

私が骨移植の手術をするための入院をする前から、私が一人で借りたアパートの周辺でうろつく島原の姿を数人が見ており、気をつけたほうが良いと注意してくれていた。警察に届けることも検討していた。さらに手術を終えて退院すると、今度はアパートの周りを車でぐるぐると回っている。当時は住民票を自由に取得できたのだ。

夕飯をコンビニに買いに行こうと、帽子をかぶり、杖をついて出かけたら、私の横を島原が車でスーッと走っている。コンビニは道路の反対側。私の慰謝料目的なのはわかっていた。だから、私を見失いたくないのだ。何回も見ていた。

私は呆れ果て、島原を近くのファミリーレストランに呼び出した。

「なんで、アパートの周りを車で回ってるの？」

「五、六回しか回ってないよ」

「しばらく、部屋の電気が点かないから気になって、車で見に来ていたんだ。心配していたんだ」

（何の心配？　なんで、馬鹿だ馬鹿だと言っていた女を監視するのか……）

「障害者をほっておくわけにはいかない。帰ってこい」

私が黙っていると、島原は今度はそれが気に入らない。

「男がいるんだろう。それなら今の男に面倒を見てもらえ」

「男がいるんだったら、宅配便で送ってよ。私がアンタにやられたことと同じように扱って、どれくらいもつか試してやるよ」

「これからできる男のことだ……」

「それどころじゃない。アンタみたいな男でこりごり。二度と男はいらない。いい加減にしてよ」

「生活保護、受けりゃいいじゃねえか」

「お前が扶養義務者だろ」

お茶一杯で帰宅したが、島原の言い訳、理由付けは毎度のこと。嘘偽りばかりの男の姿なんか見たくない。未だ男は宅配便で到着していない。トラウマに落ちる、自分もいた。

帰幽した母

次男が「芸者家の荷物」と言って、実家の二階と三階に荷物を運び、家族で毎日実家に行くようになっていたらしい。その頃、父が多発性胃潰瘍によって吐血し、入院することになった。父が入院する前から次男は家族で実家に住み始めるようになり、平成十五（二〇〇三）年に父が帰幽すると、母を家から追い出した。追い出された母は、一時五男の家にいたようだが、次女に呼ばれて上京。四女の仕事場に六畳一間があったので、そこに半年ほどいたが、三男が母の面倒を見ると言いだし、母は三男と一緒に住むことになった。

心配だった私は母の様子を見に行った。そして母の口から出た言葉にあ然とした。三男の家で食べさせられたものといえば、「三合炊きの電気釜に水に米が浮いている感じのおかゆ」とのこと。それを三回に分けて食べ、「腹が減って、腹が減って、この歳になって、こんなにひもじい思いをするとは思わなかった」というのだ。私は「米を増やしてやったら」と三男に言った。

次に母に会ったとき、母は「次女が言ってくれたのかな。少し米が増えた」と言っていた。三男は「くそばばあが、うるせーから」と言うだけだった。三男も木の股から生まれたのかもしれない。このことについて神に質問すると、「父の遺産のうち、母の相続分の二分の一がほしいだけ。母の面倒を見る気はない」ということがわかった。

三男には、その後も私が負担するからデイサービスに通わせてほしいと頼んだが、「あんなくそばばあに俺はなにもしない。名前も書かない」と言う有様。三男の妻も「お義母さんは歳の割にバクバクよく食べているよ」と言う。

私は二、三か月に一度、母を連れだして民宿で一泊し、伊豆に住んでいても伊豆の観光をしたことのない母を案内してあげたかったのだ。母はそのとき、すでに一人前の食事も食べきれなくなっていた。それでも母はいつも空腹だったし、年金の通帳は三男の妻が持っていて、寒くても半纏《はんてん》が買えないと言ったこともあったので、私は二、三万円渡して、母を見送っていた。九月には綿入れ半纏を探し歩き、買って送った。

最後に会ったのは十一月。「あそこから逃げることしか考えていない。年金の通帳を返してくれないかな。古くても、昔の家で一人で暮らしたい」と母は言った。母を送ったときに三男は玄関先で「くそばばあ。どうしようもねえ」と何度も繰り返すばかり。外はとても冷え、トイレに行きたくなってしまった私が「トイレに行きたい。外で立っていたらもらしちゃうよ」と言っても三男は聞き入れず、くそばばあと再び繰り返していた。近所の人が外に出て、それを見ていた。結局、私は車に飛び乗り、知り合いの家でトイレを貸してもらうため、車を走らせた。

母の望みは「普通のご飯が食べたい」「みんなと同じものが食べたい」ということだけだった。

母はその年の十二月二十四日に三男の家を飛び出した。母は古いもとの家に住むつもりだったが、家を乗っ取り、母を追いだした次男が、二分の一の相続権ほしさに母を抱え込んだ。もちろん三男と同様、父の遺産目当てである。

しかし、父の遺産はそのときすでに動かせなくなっていた。三男が弁護士を入れて書類を作っていたからだ。母というメリットを見出せなくなった次男は、母を追い出し、母は警察に保護され、特別養護老人ホームの一時預かりの施設に入ったらしい。しかしその施設にいるのにも限界があり、十か月後には母は民間の施設に移らねばならなかった。

三男から電話があり、母が民間の施設に移れるよう、皆でお金を出すからと言われた。私は当時、返済に追われていたので、一か月に一万円しか出せないと言うと、三男はそれでいいと言った。リーマンショック後、私の買ったアパートの入居者の退去後、新規入居者がおらず、ローンだけは支払わなければならないという状況にあったのだ。

しかしその後ハガキで請求されたのは一万七千百四十円だった。説明もなく、金額が変わっていたため、私が支払わずにいたのだが、その後、母と会うことはできなくなった。市役所で施設のことを聞いたら、代表者にしか教えられないと言われ、私は葬式に呼ばれなかった。個人情報とはいえ母と娘に教えられぬ法律とは何なのか……。神に報告をした。母が寂しい顔をしてお別れに姿を現したので、四女に電話をすると、「知らない。聞いてない。付き合ってないし。縁切りしたって言ったでしょ」と言われた。五年後に四女の顔を見ながら、「知らないのに、なんで葬式に行ったの？」と私は聞いた。四女はすでに人の親だというのに「くそばばあの葬式なんか出ないって言ったじゃない。私なんて生んでもらいたくなかったよ」。これが六十五歳の子持ちの親の姿である。

なぜ人の親になったのだろうか？　長女から母はなぜ三男の家を飛び出したのか聞かれた。私は三男の思惑を知っていたが、口に出さなかった。

母の葬式代を払ってくれ、と三男に呼ばれた長女は、母のいた施設に連れていかれ、施設の費用を払わされたのだという。四女は口癖のように「長女と次女が金を持っているんだから、何かあったら二人に払わせればいい」と言っていた。何か気に入らないことがあると、いつも人の批判を口にする。私は聞かれたこと以外口にしなかった。どんな大変な返済であろうと、友人以外に内容を口にしたことは一度もない。四女は自分が一番で、母の葬式も自分で取り仕切ったつもりであろう。それに乗った三男、四男、五女も同次元、同レベル。

葬式のときは、四女、五女、三男、五男で車がいっぱいになってしまい、長女は霊柩車《れいきゅうしゃ》に乗ったという。利用されたことに気付いた長女は、その後難病が進み、段々とものがわからなくなっていった。平成三十（二〇一八）年、帰幽した。次女は平成三十一（二〇一九）年、私のところにお別れに来た。昼寝のとき、私の横におだやかな顔で寝ていた。

四女は昔から何かにつけて嫉妬深かった。くそばばあ、くそばばあ、と言う次男や三男と同次元レベルなのである。その後、会っていない。

神にはすべて報告してある。各々に答えは返っていくだろう。神に問うたら四女は四代前のババの血の流れが濃いベランメエ。強い口調、口数多く、金がなくても仕切りたい性格、と教えられた。四女にそっくりな四代前は、寺の住職と結婚したが、住職は寺を追い出されている。農民一揆の供養をすると約束しながらできず、この世に残してきた。若くして外出先で倒れて死亡。無人の寺に無縁として納められている。四代前のババは、親の神仏を捨て、親の墓まで捨て、すべて放置した。その墓が私の骨盤の中の氷水の冷たさで知らせてきた。水にひたりし仏の数々だった。

父は神を通して伝えてきた。「お前だけは来てくれると思っていたが、みんなに阻止されお寺に来られなかった」また母は、「お父さんがいなくなって、話し相手もなく、淋しかった」と言い残して、神の元へ行った。今世で苦労した分、来世は幸福な人生を歩めますように。温かい家族の元へと祈る。

第2章　明かされた真実　～神からのお告げ～

神はそばにいた

私が、神という存在に気づいたのは、いつ頃からだったか。

幼い頃から神の存在をどこかで信じていたような感覚もあるのだが、それは曖昧なものでしかなかった。それを確かなものとして感じ、信じられるようになったのは、過去に数回の体験があったからだ。

ある朝早く、午前五時頃に私が布団の中にいると、ふと頭の後ろから声がした。

「ありがとう」

とても穏やかな男性の声で、ゆったりとした口調で、私の心に染みわたるように響いた。私は驚いて周囲を見回したが、誰もいない。慌てて部屋を飛び出して、庭に出てみたが、そこにも誰もいない。私は、その声の主を知りたくて、家の周りを見渡したが、それでも見つけることはできなかった。

同時に、それが人ではなく、神の声であることを、なぜか理解している自分がいた。なぜならその声は人のようでありつつ、人とは異なる不思議な温かさを湛えていたからだ。決して見ることはできない存在なのだが、私は信じることができた。

「ああ、神が私を見ていてくれたのだ」

そしてそのときから、私の心は少しだけ軽くなった。どうしようもなく酷い結婚生活。自己中心でわがまま身勝手に怒鳴りまくる夫と向き合わなければならない日々の中でも、確かに神が私を見ていてくれるという思いが支えとなった。

島原は相変わらずいつも俺が、俺がと怒鳴っていた。聞きたくない、別れたいと言えば、もう言わないと約束しても三か月もすれば同じ繰り返し。だが私の耐え忍ぶこの行為に対して、わかってくれている人がいるんだ。見てくれている人がいるんだと信じることで、気持ちが明るくなったように思う。

またいつか、あの穏やかな「ありがとう」の声を聞きたいと、心の底から願った。

霊にまつわる不思議な体験

人の命が絶え、霊になったとき、どこをさまようのか。ふと思い出すのは、小学生の体験だ。

私がまだ小学生の頃、幼い私が懸命に働く姿を不憫《ふびん》に思ってくれたのか、よく納豆を買ってくれた近所のおばあさん、大岡さんがいた。

台風直前の夜、玄関窓にそのおばあさんの顔が映り出た。ガラス戸にじっと動かず、何も言わずにこちらを見ていた。私は何度も声をかけたのだが、おばあさんは私のことが目に入らないのか、こちらを見たまま微動だにしない。血の通った人間のようにも思えず、まるでマネキンのようだった。私は諦めて、その場を離れた。

その後、町は大きな台風に襲われた。体験したこともないほどの大雨が私たちの暮らす町にも降り注いだことをよく記憶している。昭和三十三（一九五八）年九月二十六日に上陸し、静岡県に大きな被害を及ぼした狩野川台風であった。

狩野川が氾濫し、近隣の町にもその水が流れ込み、私たちが暮らす町は山津波といって、山が垂直に崩れ、川の水をせき止めていた土砂が一気に流れ、家々が流されるという被害に遭った。川の橋は流され、周りの家々も流され、河原になってしまった。

自衛隊のヘリが河原に降り、救助に入った日の次の日だっただろうか。川の水が引いてくると、マネキンが流木に引っかかっているのが見え、そのことを流された橋の反対側にいた自衛隊員に何度も言った。水の音で聞こえなかったからだ。あとでわかったことだが、マネキンに見えたのは、台風の直前に私が見た、大岡さんのおばあさんだった。濁流に家ごと流され、亡くなったのだ。腰紐が流木に引っかかって、マネキンに見えたのだ。マネキンなら粉々に壊れていた……。おじいさんは下流で他家のコンクリートの塀に頭を突っ込み亡くなった。

あのときのおばあさんの姿は、何だったのか……。私はそれがお別れにきたおばあさんの霊であったのではないかと思う。

私には人から見れば不思議な、他の人が体験しないような出来事を感じた経験がいくつもあったが、口に出さぬようにしていた。実は霊を感じやすい体質なのではないかとずっと思っていた。これはずいぶん後になってからのことだが、あの、私を虐げた義母の、死に際しての出来事だ。義母は平成三（一九九一）年に亡くなった。

私はその数年前から義母が来る度に、彼女の消化器から血がじわじわとにじんでいるのが見えるようになっていた。義母は実家の近くの病院に通っていたようである。

人の意見を聞く人ではないから、島原にはなにも伝えなかった。そうして一年くらいしてから、義母は体調を崩して病院に入院した。

島原には、もっと大きな病院に連れていったほうがいいと伝えたが、やはり人の話は聞かなかった。「もう七十過ぎまで生きたんだからいいんだ」と、私の意見を無視した。

実の親なのに、あれだけ一緒に並んでくっついていたのに、そして私の働いたお金で夕飯まで食わせた親なのに、情の一つもなかったのだ。

私は義母の見舞いに行き、かつて二人の子どもがお年玉でもらった分として私が働いたお金、十万円を熨斗袋に入れて、お見舞いとして義母に返した。するとあとから病院に行った島原が、

「なんでそんな金、出したんだ」と帰宅後の第一声、中身の札を自分の財布に入れる姿がガラスに映っていた。次の日、空袋だけがタンスに入れてあった。

その後、兄嫁から電話があり、義母の通帳を預かっているなら返してほしいと言われた。私は通帳のことなど知らなかったので、そう答えると「遺族年金、パート収入もありながら、一円の食費も払わないんだから」と私が責められることになった。直接島原に言えばいいのに。

二度目に見舞いに行くと、義母のお腹が大きくなっていた。お腹の中で輸血の血が漏れて、心臓に負担をかけていたのである。

私が病室の廊下で立っていると、突然、私の心臓が締め付けられるような苦しみ、痛みに襲われた。私は廊下で動けなくなり、座り込んでしまった。苦しいと口にしてしまうと、島原はうるさそうに言った。

「さっさと外に出ろ」

ナースセンターから聞こえる義母の心電図の音と、私の心臓の鼓動が同じになり、苦しかった。死の間際、義母の霊が、私の体に乗り移ってしまったのだ。

私は懸命に壁をつたって外に這《は》い出て、義母の霊を祓った。するとふうっと楽になった。そのとき、義母の心臓が止まったのであろう。

ちょうどそのタイミングで、病院の門に娘と息子の姿が見えた。子どもたちは小さな頃からの義母の仕打ちでけっして良い感情を持っていなかったが、それでももう最後だと思い、私が二人に時間を指定して病院に来るように伝えておいたのだ。その時間をなぜ指定したのか、私にもよくわからない。

ただ二人は時間どおりにやってきた。そして同じ時間に義母は亡くなった。私は何かをわかっていたのだと思う。

私のこの不思議な感覚を、実は娘や息子も引き継いでいた。いやむしろ、娘は私よりも強い霊感を持っていた。

密教との出会い

前述したが、借家で、私がどうしても息苦しく、呼吸するのも大儀になってしまったとき、隣の人から密教の行者を紹介されたことがあった。隣の人は、私が風呂の窓を開けたときに見てしまった、血だらけの顔の武士の霊を祓ってもらうために頼んだと言った。

私は藁《わら》をもつかむ気持ちでその行者と会うと、首に縄がついていて、そのせいで呼吸が苦しいのだと教えられた。なぜ、私の首に縄が巻かれていたのか。その理由は後になってわかるのだが、当時はその原因よりも、酸素が欲しい、この苦しみから解放されたいとの思いで、行者に頼み、縄を解いてもらった。

「ここはかつての戦場の跡地。この土地は多くの死者の霊がさまよっている。この地に首つりの女性が二人いた」

と言って、霊を切ってくれた。それからは少し、線香のにおいもましになった。

私は密教の行者と出合ったことで、密教というものに興味を持ち、そして密教をどうせ知るのなら、本格的に探求したい気持ちになった。それで行者修行に出ることにした。

前年、腰をななめにしてうつぶせているところを島原に上に乗られ、腰を圧迫骨折していたので、コルセットをしたまま、次の年に密教の修行に入ったのだ。

寒が明けた二月四日に山奥で川に腰まで浸かって水をかぶり、滝行をした。二月五日以降、滝に打たれる修行は一晩に五回。山行は、朝おにぎり、昼は沢の水、途中雨に見舞われ、夜に戻ったあと、火渡り。二月の水行は、水のプールで肩まで沈めて行う。火渡りのときは足が冷え切って、温かささえ感じなかった。そして得度を受け、「玲妙」という法名も授かった。

だが、私にはまだ何か、物足りないものがあった。密教では、私が本当に見つけたいものにはたどり着けないように感じられたのだった。それで、法名を得てしまうと関心が薄れ、そのまま密教とは距離をおくようになってしまった。

神から示されし言葉

健常とはいえぬ体を抱えて一人での生活をしていた平成九（一九九七）年の春、また大きな転機が私にやってきた。

「色々と大変そうで、見てられないわ。私、神様の人を知っているから、一緒に行きましょう」

以前、娘が赤ちゃんのときに預かってくれた人の妹さんが声をかけてくれた。

その人は、私の様子を見るに見かねて声をかけてくれたのだった。その頃の私は交通事故の後遺症も、自己リハビリの成果で少しずつ体が動くようになっていたが、それでも杖がなければ歩けない状態だった。以前からの付き合いだったから、夫のひどい仕打ちのこともよく知っていた。

私は特に興味を惹かれたわけではなかったが、せっかく声をかけてくれたのだからと、その知り合いと一緒に、神奈川県に住んでいた、神の声を人間界に伝えるナカエドと会った。小さな集会所のような場所で、表向きはなんともない小屋であったが、そこは御嶽教という神道の宗教活動をしている場所だった。扉を開けると、そこには多くの人が集まり、奥に祭壇が見えた。相談者が数人順番を待っていた。

私はこれまでも、神の存在を信じていたし、確かに密教の修行をして得度を受けたが、御嶽教とはまったく縁はなかった。でもそこに一歩、足を踏み込んだとたんに不思議な感覚に襲われ、これは本当の世界なのかと疑った。

私はそこで初めて、ナカエドという存在を知った。

ナカエドとは、天界と人間界を結ぶ、神からの言葉を代弁して人間界に伝える存在。神と人との間の通訳者ともいわれる。ナカエドは、昔は四人で座を持ち、一人に神を降ろして話をする存在だったそうだが、今は一人のナカエドが、神から降りてくる言葉を私たちに伝えてくれる。

最初は半信半疑だったものの、そのナカエドと向き合った。彼女は、いや神は、私のことをすべて知っているように説明し、こう繰り返した。

——**この者を、死なすわけには参らぬ。まだやらなければならぬことが山ほど残されておる。そなたの命、神が預かるなり。**

その言葉に、私は体が震えた。それは以前、私が自分の部屋で聞いた言葉に他ならなかったからだ。私は、神の声を聞くために、導かれてこの場所に来たのだ。必然な縁だったのだ。

さらに神は私に告げた。

——**心あるこの者を、神の元へと導いたなり。神がそなたを教育する故、神を信じてついて参れ。大きな力を与える故、世のために使えば良い。**

ただこのとき、私は神殿に上がることが許されなかった。それは神によってこう告げられたからだった。

――この者、先祖の犯せし罪が大きすぎて、この場に入れるわけには参らぬ。

私が背負っている罪とは何か。今あるこの辛い人生のすべては、過去の先祖の因縁によるものであった。島原家の因縁が強い。二柱神社に御札参りに行く指示があった。また、島原の家に入った女性は婦人科をやられるから気を付けてくださいと。私は息子を出産したあと、婦人科で二か月入院し、その前に腹部内臓全部を出す手術をした。兄嫁は婦人科に一か月入院し、娘は命と引き替えだった。これが島原の先祖の犯せし罪が原因だと指導をいただいた。

そのときは、百パーセントこの言葉を信じたわけではなかったが、自分の人生の辛かった日々の、その縛りを解くために、何かきっかけがつかめるのではないかと感じることができた。私は先祖の罪を己の罪として、両家の先祖が放置した稲荷様から詫び始めた。稲荷とは、稲荷五社大明神といい、五柱の神々を稲荷と呼ぶ。

「うがのみたまの命、おおなむちの命、おおたの命、おおみやひめの命、うけもちの命の五柱の神々様。島原家一族をお守りいただき、名をお残しいただきまして、ありがとうございます。また、その数々の恩を忘れましたことも気づかずにおりましたことをお許しください。菊地家の稲荷が、一族をお守りいただき、名をお残しいただきまして、ありがとうございます。また、その数々の恩を忘れましたこと、気づかずにおりましたこと、お許しください。先祖一族の罪をお許しください」

毎日、菊地家、島原家、二回繰り返して行った。

また、密教の得度を受けたことについても、神からの悟りがあった。

――この世の地獄の沙汰までも、今この者の身を清めるために、私は今どうしても、この者を、死なすわけには参らぬ。なぜかと申せば、この者は御仏に命を捧げた時期がある。そのようなこともされた。仏に我が命捧げてどうするか。我が命と引き換えにしてどうする。御仏は命などほしくない。そなたの願いを叶える、だが、自分の命に代えてもという願い、なぜかけた。人間というもの、命をかけるものではない。命操るのは、御仏ではない。肉体守るのが、神である。御仏にそれまで身も心も魂もそなたは売った。なぜそのようなことなされた。だからこのような辛い思いした。願を解け。そうしなければ、地獄の果てに落ちるであろう。よくよく心するがよい。

私は月に一、二回のペースで、御嶽教のナカエドの所へ足を運ぶようになった。何よりも、私が生きている、生かされている意味を知りたい。神からの声を聞きたかったからである。

明かされた過去の因縁

度々御嶽教へと足を運び、私はナカエドを通して、神からの声を聞くこととなった。その中でこれまで私の辛さの理由が、徐々に明らかになっていく。

――人間という者は、この世に出した神の子なり。今、そなたがする事、なす事、すべて神はこの者の生きてきた人生を神に詫びとおして、生まれたこの事から感謝の心を持つがよい。生きるという素晴らしさ、神の子としてこの世に生きている事の素晴らしさ、気持ちを入れて神に仕えて参れ。

この場（神殿）には入るわけにはいかぬ。なぜかと申すと、己の心をすべて捨て、歩みし心を捨て、神に仕える白い心でなければならぬ。決めるのは神がする事なり。すべて神に任せてまいれ。

生きていることの素晴らしさ、この場において心が芽生えてきたはずである。

この者の先祖の罪が大きすぎ、人を許す心根なく、生きていられることの感謝、自然の恵みのもらえる感謝、人として生きていられる感謝、やがて神はそなたを導くであろう。先祖の罪は今まだ**大いなる神**があればこそ生きてきたことの感謝を忘れておるなり。

水があり、山があり、命あることの尊さを、この世ですべて生きて行く事、また先祖が山程罪を作ってきておる。一人一人を詫びても、追いつかぬものである。

考えてもみろ、十代前で何万人になるのか。神はそこまでやれとは言わぬ。先祖がすべての罪、神に詫びるなら神がこの世に出してくれた恩とこの肉体、血を残してくれた感謝の心なり。それは一人一人詫びきれず。それを集めて大いなる神を知らず生きてきた。神に感謝する心に変えてこの場においてやるが良い。いちばんの供養とお詫びにつながるなり。

〝大いなる神〟とは、地球を牛耳る真の神であることは、後にわかったことである。

私は先祖に大きな罪があることを知った。だが私と先祖との因縁とは何かがわからなければ、本心で供養とお詫びをすることもできない。そこでさらに問い続けると、島原家の汚れたる血の流れが大きな要因であると神から教えていただき、驚くべきことが明らかになった。

私は神殿に入ることを許され、私がずっと苦しめられてきた島原について神に問うたときだ。

――この者心なく、その場その場で嘘偽りの言葉、嘘つきなり。全のことで苦しんでおるなり。行く所なく入ってくる。この者、喉元すぎれば熱さを忘れて、一時の逃げ場なり。

島原のこれまでの心無い行いを、神は知っていた。だが、島原はどうしてそのような男になってしまったのか。そこには島原家の恐ろしく汚れた血の流れがあるのだという。ナカエドを通して、先祖の因果は、三代から五代前のものが、強く出ると知った。それは島原家の三代前、島原の祖父に当たる男。ウソかマコトか知らないが、義母がよく「世が世なら、あんたなんか息子と結婚なんかできなかった」と言っていた三代前、夫の祖父は警視総監の秘書であったと自慢していた。島原貞蔵という男だ。

神が私の前に示してくれたその男の姿は、あの建てた家に現れた、小柄で日焼けし、下唇が厚く、額に深い三本の横皺がある、「女は道具」と言った、あの男そのものであった。

――この男、色に狂い、女に子どもを産ませ、生霊かけ捨て、好きなことやり、長く続いても三年なり。子どもは認知されていないだけで三人おり、それは皆子どもの頃亡くなっておるなり。また、女の中には自ら迷いの心で命を絶った女が三人おるなり。それはこの中にはおらぬ。また、この者は権力と金にものをいわせ、女を苦しめてきておるなり。

その言葉を聞いた私は、除籍謄本を取り寄せ、島原の実家のお寺に持参した。先代住職の奥様に過去帳を見せていただきたいとお願いしたら、持ってきてくださった。奥様と一緒に照らし合わせると、神から聞いた話は事実であった。そして、貞蔵の妻、首つりしたクニさんの骨は墓に入っていないことが確認できた。墓には島原家の除籍謄本には載っていない三人の子どもの骨壺《こつつぼ》、その中に島原の姉のお骨も入れられていた。

寺には島原が監視のようについてきていたので、その説明は、島原も横で聞いていた。

三人の子どものお骨というのは、戸籍にも載ることのなかった三人の哀れな女たちの産んだ子どもの骨壺である。三人の女の怨念は、そのまま残っていた。島原の姉の骨も骨壺さえ買わず、一緒に入れたにもかかわらず、義父母は一度の供養もしていなかったのだ。

島原はどこへでも付いてくるが、いつも花代さえ払わぬ男。自分の実姉、義母の事実上の長女であると知っても、島原には供養する気はまったくなかった。可哀そうでお地蔵さんを建立した。

私は、島原家のもっと前の血の流れ、犯せし罪を聞きたい、と神に問うた。

すると、島原の家系の五代前は、鎖国時代であったが、長崎において海外貿易をして莫大な富を得て、その金の力で武家を立て直したという。だが、その儲けた金は日本中から女をかき集め、差し出し、売り、多くの女たちを泣かせ、苦しめて得た金であるという。なかには逃げた女もいたが、その苦しみのため、自ら命を絶った女もいたという。

島原家には今もこうした女たちの怨念が、血の穢れとなって脈々と受け継がれてきた。三代前、五代前の先祖の悪行と、それに巻き込まれた人々の怨念は、今の時代、すなわち島原という人間に強く出ているのだ。

このときはまだわからなかったが、この怨念に汚された血脈は、後に私たち家族にも大きな災いをもたらすこととなる。

また、私は島原と結婚してから、ひどく息苦しくなることが度々あったが、それは島原の祖母にあたるクニという女性の苦悩の霊が救いを求めていたからだった。三代前、クニの夫の貞蔵は女遊びがひどく、外に何人もの女に子を生ませ、子どもだけ連れてきて、クニを苦しめていた。クニは白河城に養女に入った娘だったが、貞蔵の妻になったが故に苦しみ抜き、白河城の裏山で、首を吊《つ》って自殺した。その縄が、私の首に巻き付いていたのだった。

四代前の房五郎、この人だけが人の心を持った人だった。五代前の先祖のために女をかき集め、売り飛ばしていた部下の成田は、四代前の房五郎について北海道に渡ったが、人身売買の大罪を犯して追放され、山の中に逃げたが捕まり、島流しにされた（樺太のようなその近くの僻地）。その後、戻って人里離れた山奥に住んだ。金、金、金。どん欲な成田は、トミエの祖父にあたる。それが島原と性格が酷似していた真相であった。女を奴隷として扱った血の流れだった。

島原の母方、義母の先祖にも多くの女の怨念がこもっていた。義母の祖先は、北海道の山奥で、稲荷を祀っていたが、その後、神の存在をないがしろにしたことにより、その稲荷を放置、井戸を放置し、行き場を失って私の所へきていたのであった。

また、三代前の島原貞蔵の行状も明らかになった。

――稲荷をやりし、その横に神と称して祭りしものなり。井戸神、すなわち井戸の主、水の神、罔象女命《みずはのめ》なり。やがて、これのほとんどが枯れて、この井戸つぶし、数々の好き放題して、やがてこの土地離れ、住まいもろともこの地を離れ、神のいること、神を帰す御礼のことも忘れ、祈るだけ祈りし心。

まず、今この場に置いて、自ら先祖の犯せし罪を詫びて、息もできぬこの井戸を神に詫び通すがよろしい。これはこの場（神殿）において、その数々の神に対する不敬の心根、神に詫びて通すがよろしい。

また、この地のそのそばには大きな沼があり、山の中、水があふれて流れ着いたる龍神の石をこの場から持ってきて、水の神として祀りし、その罪を詫びよ。

神の怒りを鎮め、女たちの怨念を鎮めるためには、先祖たちの犯せしその罪を己の罪として、詫び続けることしか道はない。

私が詫び通した後に、

――この場において山々の神、人が祀りし神としてのものなり。今、粗末にしてきたそのものを神の元へと受けるなり。好きでやっているわけではなし。世の掟というもの、神の掟というものさだめし。己の罪として詫び通す道すがら、神の元へと受けるなり。

島原クニ、祖母稲荷龍神井戸神からの許しを得られた。

詫びていると、相手の淋しさ、悲しさ、辛さ、悔しさ、すべてが理解できるようになり、涙があふれた。私はこの先祖たちが残した怨念を神に詫び通す役割を与えられているのだ。

清水の次郎長との縁

島原の家の先祖がもたらす怨念と共に、私の実家である菊地家にもまた、少なからずのものがあると、神は教育してくれた。

三代から五代前の私の祖先を遡《さかのぼ》ろうとしたとき、ふと、母からよく、自分の祖母は清水次郎長の子分、大政、小政におんぶされて育った、武家からもらわれてきたと聞いたことを思い出した。私の祖先と山本長五郎にはどんな縁があるのか知りたく思い、私の曾祖母のハナさんの育ての親はどなたでしょうかと問うた。

――この者、長次郎。我が息子なり。長五郎とはいとこ同士の関係。長五郎が養子に入った家が米問屋である。

「私は長五郎さんと話がしたい」

するとと、長五郎さんに変わった。

――わしは長五郎。父方の流れを引く。昔はたくさんの妾をもっておった。その中のひとりじゃ。そのために母親は必要ない。本妻が引き取り、育てた。妾どもから子どもを離してな。女、子どもに何ができる。わしの血を引く一族であるから、お前にもその血が流れている。

「あなたの別名は?」

――清水の次郎長、今お前の体の中に血を流しておる。私の心を受け継いでほしい。わしは人をそんな苦しめてはおらん。ただ正義であったぞ。

今の世の中に伝わっていることは、面白おかしく伝えてある。正しきこと伝わっておらぬ。一家を守るためのヤクザの世界の掟、誠のヤクザの世界。素人様には手を出さぬ。

わしの正義の血を引いているのはお前だけじゃ。

「他のきょうだいは?」

――私の父方の血じゃ。わしの血じゃない。

父方、女を残し、妾をもち、人を人とも思わず人を殺め、人を切りつけ、その親父が嫌いであった。お前も親父が嫌いじゃ。だからわしは正義だけであった。私はお前の考えているような極悪人ではない。女、子どもには手は出さぬ。これがヤクザの世界。

そなたの兄弟は大嫌いな父の血を引いておる。私の血はお前にいっているはず。正義を正すため、女、子どもを守るため、城を守るため、命をかけても、恩を受けた者、裏切らぬが私じゃ。お前に受け継いでおる。ここまで来る間に、たくさんの者の協力がなければ大仕事はできぬ。信じられる者は少なかった。私に心底ついてきた者は少ない。いつも孤独であった。私の心知っておったのは、女房だけ。いつも不安の中で暮らしておった。明日は命なき身。いつでも我が身、

見捨てる気であった。それが誠の男。男と生まれたからには、人のために尽くすのがわしの心の意地であった。

「ありがとうございました」

自分の生き様、立場を置き換えて相手を思う心、責任感、義理、人情の厚さ。私と似すぎていた。長五郎さんの話の後は、涙が止まらなかった。ナカエドは、神に泣かされているのだから泣けるだけ泣きなさいと言ってくれた。

母方の曾祖母は、長五郎さんの異母妹であった。

その後、私は清水の梅蔭寺に、長五郎さんに考え違いしていたお詫びに行った。長五郎さんからは、

――命は神の元、人助けをしろよ。人助けをしろよ。

初島の先祖無縁の怨念が我が身に知らせる

私の結婚前の姓である菊地家、父方に由来する先祖たちの故郷は、伊豆の初島にあることもわかった。

初島はかつて多くの罪人たちが島流しにあった島で、菊地家の祖先は官僚であり、命令をうけて、監視役として島に初上陸したのだという。そこでの先祖の行いが、この土地の霊たちの怨念となって、今も残っていたのだという。

――島抜けをしようとした者たち、無実で送られた者も多く、鉾《ほこ》・やり・刀で、突き、刺し、切り、足の裏から釘を打ち付け、苦しい思いをさせられ、命を落としたものがたくさんおる。犠牲者の中には、末代まで菊地家を祟る、と言い残した霊もいる。

私が事故に遭ったのは、伊豆の国道一三五号線の道路であった。赤信号で停車中に追突され、私が必死でやっと車から降りられたとき、目の前に初島が見えたことを思い出した。夜八時過ぎ、真っ暗な海、初島など見えるはずもないのに、私にはその姿がはっきりと見えた。

それがずっと気になっていたのだが、その謎《なぞ》が一気に解けた気がした。

私は事故に遭ってから、足の裏に太い針が突き刺さっているような痛みを感じて足底がつけず、歩くことができなくなり、松葉杖の生活をしていた。

ナカエドが、「足の裏に剣が突き刺さっているのが見える」と言って抜いてくれた。すべてがつながっていたのだ。我が家系、菊地の血もまた汚れていたのだった。時代が時代だったとはいえ、罪を詫び通した。長男、四男別々に因縁を背負って、初島に行ったにもかかわらず、効果なし。何の供養にいったのか！

だがなぜ、私は自分の血の流れを受ける菊地家だけでなく、今の時代なら、恐喝、暴行、誘拐、人身売買の大罪を犯した島原の家の特に汚れた血にまでも、弄ばれなければならなかったのか。するど、菊地家と島原家には、過去に深い因縁があったことが明らかになった。神からの教育によれば、島原家の五代前の武家を立て直した武士が、国中から女たちを集めたとき、そこから逃げた女が、清水次郎長の子分の元へと助けを求めたという。次郎長の子分は親分のごとく、正義感が強く、その女を守り、面倒を見ることとなった。それを知った島原の先祖は、菊地家を目の敵にしていたのだ。縁切りできない原因であった。

まさしくこの二つの家は因縁の相手。私が島原の妻となったことで、この怨念の炎が、私を焼き殺そうとしたに違いない。この頃は、この縁は切れないと教えられた。縁切りは困難。

だが、神は、

――今、この世において、この伊豆の山々、海を守りし神なればこそ、このいにしえまでも、この場でこの己の罪を心から詫びて通さねば、末代までもこの家を潰すであろう。

稲荷と申して、わしらこの行き場、今この世において八大龍王の化身、水の神の化身さればこそ、そなたの家、水の神、長きにわたりし先祖、世話になったはず。心して詫び通せよ。

先祖、今この場において、先祖の犯せし罪を詫び通すがよろしい。さればこの水の神、八大龍王の元へと返してしんぜる。

猿田彦大神を我が守り神に

平成九（一九九七）年、この年に障害年金を申請し、一年半分は認められなかったが、三年半分がまとめていただけ、助けてくれた友人たちに返済し、中古車を購入することができた。

あるとき、ナカエドの神殿で猿田彦大神が壁代に現れた。その横には水神様も見えた。そこには十三人ほどがいたが、他の人には姿を見せなかった。行動の速い神であった。その後、常に猿田彦大神が我が身を守ってくれていることがありありと実感できる出来事があった。

私は島原の家を出て、アパートで一人暮らしをするようになって、平成十（一九九八）年には事故の示談交渉がようやく終わり、少しだけまとまったお金を手にすることができた。とはいえ障害者手帳を持つ身であり、どんな仕事も事故に遭ってからはまったくできない状態であったから、十分とはいえない示談金を基盤にして、どうにか生活を支えていかなければならないと考えていた。

私が通っていた東京都の施設で命がけで訓練に励んだ。交通事故で頭に損傷を受け、障害を克服させようと必死で娘を訓練に連れてきていたお母さんから、一枚のチラシをいただいた。それはアパートの販売チラシだった。その中から返済できる価格のアパートを選んだ。駅から遠い所でなければ手は出せなかった。

資金が不足したので、友人に相談すると、何人かがお金の提供を申し出てくれた。

お金の準備が整って、不動産屋からチラシにあった物件を紹介してもらい、すでに八室がすべて埋まっているという築九年のアパートを一棟、購入した。示談金に友だちの借金五百万円分を合わせても、十分ではなかったため、まだ籍が入っていた島原を保証人に頼むと、喜んだように保証人になってくれた。

「建て直したら、でかいもん建つなあ」

自宅と同じ坪数、同じ広さの土地なのに。いつか自分のものになるとでも思ったのか、この土地が欲しかったのか。欲しか見えていない島原であった。

しかし満室と言われていたのは嘘で、売買が成立すると、八室中三室は空いていた。だがなぜか私が購入するとすぐに何人かの問い合わせがあり、部屋はすべて埋まった。

とは言っても収支はギリギリで、友人たちに借りたお金を返しながら、一人で生活するのがやっとだった。

それから四年ほどして、別の金融機関から融資話が持ち込まれた。責任感、行動力、計画性、実行力、緻密な計算。女性ですべて具備している人はいないんですよ。と説明され、さらにもう一軒、アパート経営をしてみないかというお誘いだった。

「保証人はいませんよ」

「それでも構いません」

嘘のような話である。

「お金を貸してもらえるなら、やらせていただきます」

銀行を変え、島原を保証人からはずすことができた。私はさっそく不動産屋さんに行くと、なぜか一軒の物件が目に留まった。不動産屋に頼んで一枚プリントしてもらったが、予算よりも七百万円ほどオーバーしていたため、一度は諦めかけたが、売主さんと会ってみようと、訪ねることにした。

すると驚いたことに、その方が猿田彦大神の別名、庚申の祭りをやり、都内の庚申をお参りしていたのである。

猿田彦大神は「古事記」や「日本書紀」の天孫降臨の時に登場し、天孫降臨の際に天照大神の孫であるニニギノミコトの道案内をしたとされている。そのことから「みちびきの親神、みちひらきの神」と呼ばれ、道祖神の親神ともいわれ、庚申は猿田彦大神の別名としてもよく知られていた。

私は、猿田彦大神が守護神として守っていただいていることはわかっていた。とても話がはずんで、楽しい時間を過ごすことができた。

「アパートの件は、今回は都合がつかないので、また何かの縁がありましたら」

別れ際にそう言いおいて、その人の会社を後にした。

するとニ日ほどして、

「事情があってすぐにでも売りたい。お金が欲しいんです。アパートは売りに出してから一人も見に来た人がいないんです。提示価格で結構です。お願いできますか?」

と電話が入った。私が希望していた予算の金額に値段を下げて売ってくれることを約束してくれた。その三日後、金融機関で登記まで終えることができた。

まったく不思議な話のようではあるが、これは猿田彦大神の完全なる導きであると、私は確信を持つことができた。いつも私の後ろについている。私は感謝の気持ちを込めて、狭いワンルームの神棚二段しか祀れなかったが、下に入れた下段を出して二段から三段にして祀り、猿田彦大神とその他の大神等に感謝した。

今も猿田彦大神は、私についている。神が見え、神と話ができるという人に会ったとき、「猿田彦さんがついていますね」と言われ、私は「おかげさまで」としか答えなかった。まだ他には、観音様が後ろにいる。その人には水神様は見えなかったようだった。

導かれて神道を学ぶ

ナカエドの元に通うようになってから二年ほどして、平成十一（一九九九）年のことだ。私はある現象を感じるようになっていた。夜、眠りについた後に、深夜の十二時になると水の音が聞こえるようになったのだ。布団の中で息をひそめ、じっと耳を傾けていると、ザバーン、ザバーン、ザバーンと間をあけながら三回、人が水をかぶるような音が聞こえてくる。それが一か月以上続いた。

「どこのどなたかわかりませんが、どうぞお姿をお見せください」

私は、その正体が知りたくて、見たくて、毎日祈っていると、しばらくしてやっとその姿を私の前に現してくれた。

私がベッドに座っていたら、そこにヨレヨレの行衣を着た、白く長い髭《ひげ》の細面の痩せた老人の姿があった。老人は丸太をくりぬいたような桶を持ち、浅い川の水に座り、流れてくる水を桶に溜めて、勢いよく頭から水を三回かぶっていたのだった。かつて平成十一（一九九九）年二月末、私はあるときなんとなくふらっと部屋から外へ出た。なんとなく背中を押されているような気がして、そのまま歩いていくと、駅にたどり着いた。どこへ行くかも自分の意志はない。ただ背中を押されるようにして電車に乗り、降り立ったのは渋谷駅だった。またそこからも意志もなく歩いていくと、目の前に國學院大学があったのだ。

私はそのまま門をくぐり、事務所の人に話してみた。

「実は私は猿田彦大神と水神さんにお会いしていますが、今日は何かに背中を押されてここまで来ました」

すると事務の人が驚いて、すぐに一人の教授を呼んでくれた。

「猿田彦大神と水神さんにお会いしているのですか」

「はい」

「今日は、教養課程の履修生の申し込みの最終日です。神様と会った人なら、ぜひ名前を書いていったほうが良いですよ」

何も持参していない私に教授はそう言って、書類を渡してくれた。

家に帰って書類を見ると、そこには履修生が学べる授業内容と時間割が書いてあった。私はその中の神道の科目だけを選んで、教養課程として学ぶことを決めた。

その夜から、川の流れる音も、水の音も聞くことはなくなった。禊をしていた老人とは、その後一度も会っていない。

それから週に四日、足を引きずりながら丘の訓練と自覚して國學院に通い、神について学んだ。

その後、かつて私がベッドに座っているときに見た老人がいた川は高山短山からの合流の水が流れていたことがわかった。平成十三（二〇〇一）年、猿田彦大神の先代宮司から教えていただいた。それが國學院に通学中の縁であった。國學院へは四年間通い続けた。

すると教授から、「あなたは神と会っているのだから、資格をとったほうがいい」とアドバイスを受け、神社庁への推薦状を書いてくれた。神社庁の副庁長さんからも推薦状をいただき、大学で神道を勉強したことが認められて、神社庁にも通って講習を受け、一応一番下の神職の資格を取得することができた。正座のたびに痛みが走り、ブロック注射をしながらの講習であった。

私が御嶽教の教会に通っていたのは、ナカエドの通訳のもと、神と話がしたいがためだった。だから御嶽教という教派に、深く依存していたわけではない。むしろ、御嶽教は手段の一つと言ってもいいかもしれない。ただ、神と向き合いたかったのだ。ナカエドの師匠やその上の師匠から、うちで資格を取るようにと進められていたが、人を押しのける、その欲が嫌だった。神社庁から正式な資格を得ることができたことで、一つの宗教に縛られることなく、もっと広く大きな世界の中で、神と向き合うことができたのだと思っている。ナカエドに大感謝である。國學院に通うだけで精一杯で、ナカエドと疎遠になってしまった。

なぜに娘を奪いしか

平成十六（二〇〇四）年の夏、島原から突然電話が入り、すでに嫁いで十年経っていた娘が、余命一か月であると告げられた。島原はその電話で「母親ってものはなぁ……」と話しだし、まだ病気のままだった。だが病院名を聞き出せてよかった。

私は友人とふたりで病院に行き、看護師長さんから説明を受けた。娘はかなり重篤な病状であることがわかった。病名は卵巣がんであったが、その細胞の名は血管肉腫。最悪の細胞である。以前は治療法がなく、ただ死を待つのみの細胞であった。

私は病院に何度も足を運び、娘の体に良いと思われる免疫を高める飲み物、食べ物を持っていき、毎日、神に娘を助けてくれるように祈願した。しかし病状は次第に深刻な状況へと向かうばかりであった。島原の因縁。女たちの怨念で婦人科をやられて命と引きかえになる。

私はこれまで学んでいた、四柱推命と運命学をもとに、彼女に何が起こっているのかを探った。生年月日だけでなく、生まれた時間までを細かく刻み、娘の運命を調べた結果、明らかになったのは、島原の先祖の因縁が深く関わっていることだった。先祖の犯した罪の引きかえに島原の娘を連れに来ているのだ。

このままでは娘は島原の先祖に平成十七（二〇〇五）年に持っていかれる。私はどうにかしなくてはならないと思った。

島原に、子どもの命を救うため、先祖を抑えてくださいと、真実を書いてポストに手紙を入れた。これまで島原の親、祖父母、先祖のために法要らしきものは一切行っていない家なのだ。カネを払うのが大嫌いな一族であった。

複数回大法要をやらねばならなかったが、私の願いは虚しく、島原は一切無視して、先祖に詫びることはなかった。

娘は余命宣告を受け、一時はパニックに陥ってしまった。原因は、島原が娘に「余命一か月」と言ったこと。また娘婿が、医者が「治療は困難」と言ったとしゃべってしまったからだ。私はなるべく娘のそばにいようと思い、病院の許可を得て、娘のベッドの隣に簡易ベッドを借りて布団を敷いて、寄り添うようにして時間を過ごした。点滴を中断しても二人で外へ散歩に行ったり、一緒に食事をした。精神面では支えになれたのかもしれない。娘の入院先には、驚くことに私が骨移植で入院したときに色々と面倒を見てくれた看護師さんが働いていた。

娘は私よりも霊感が強い。だからこれまでにも色々なものを見てきている。

娘の入院中、久しぶりに娘と二人だけの時間を過ごす中で、互いに色々なことを話すことができた。私には見えないものも、娘には見えることが多かった。

「お母さんの後ろには立派な着物を着た人がいつもいる。偉そうな人だよ」と言った。娘はそれを、「昔の官僚のような人」と言っていた。私には後ろが見えなくても、「ありがとう」とお礼を言いにきていた人だということがわかった。前世の姿である。私は「お世話になった人だよ」と答えた。

彼女もまた、強い霊の力によって、罪を犯した血の流れに運命を揺さぶられてしまった。命までも……。

またあるとき、娘がふと言った。

「おじいちゃんが私の前に出てきて、三十七歳で迎えに来ると……。そのときに、棺桶《かんおけ》を持ってきていて、中を見るとユリの花がいっぱい入っていた。でも誰も人が入っていなかったので、ほっとしたの」

私はその話を聞いて、島原の父親が娘を迎えに来ることは間違いない。棺桶の中に人がいなかったのは、そういう意味である。だが娘には言えなかった。

私は、娘に詫びた。

「こんな血の流れを生んで、本当に申し訳ない」

すると娘は、答えた。

「お母さんが悪いんじゃない」

そして娘の口から聞いたのは、

「島原の父でなく、弟でなく、自分で良かった」

これほど辛いことはないだろう。娘はすべてをわかっていたようだった。それから、こんなことも言っていた。

「手足がなくなっても、だるまでも良い、命が欲しい」

「夫から逃げたいけれど、治療費が高いから別れることができない」

「今のがんが治ったら、離婚してお母さんといっしょに住みたい」

「お母さん、親不孝をしてごめんなさい」

そのとき、大泣きして詫びていた。私の手術について看護師から何か聞いたらしく、

「一度も何もしなくて本当にごめんね」

とも言っていた。私はただただ、「親子だからいいんだよ」と返答していた。

翌年、娘は生まれた年を入れると三十七歳という若さで帰幽した。

その前夜、娘から説明された内容は、お腹の中に蜂《はち》の巣のようにがん細胞が増殖していること、末期の人たちの入院するホスピスに移りたいということだった。娘婿が来たが挨拶もない。医師の説明に娘婿は知らん顔して医師の元へ。私は同席させてもらえず、一人で外へ出た。私は悲しくて、悔しくて、公園で泣いて目が腫れてしまい、病院には戻らずに帰宅した。それが最後。病

院へ戻ればよかったと悔やんだ。翌朝の辰の刻、娘は「頑張るから」と一言発して、先祖に引っ張られ、深海の絶地に帰幽してしまった。

娘を亡くしてから、思うところがあって、足が遠のいていたナカエドの元を訪れた。

「なぜ、もっと早く来なかった。もしかしたら救えたかもしれなかったのに」

「でも、私は一分、一秒でも長く、娘と一緒にいたかったのです」

「それもそうね」

「先祖にもっていかれました」

それから私は神の元で娘の供養をした。すると娘は神を介して伝えてくれた。

一回目に神を通して伝えてきたのは、「この世を去るときの苦しみ思い出し、親不孝して詫びても詫び切れない、後悔しています」という言葉だった。

「島原家の五代前、長崎において海外貿易をし、大儲けした。儲けた金で立派な武家を立て直した。そのお金は多くの女をかき集め売って儲けた金であった。そのときの女たちの怨みつらみ、多くの女たちの怨念と私が引き替えられた」

私は、毎日神に詫びても詫びても未だ許しを得られなかったが、詫び続けると、女性たちの悲しみ苦しみ淋しさ、親に会いたい切ない心が伝わってきて、自分の目から涙があふれた。

「お母さんが一生懸命、私のことを考えてくれて嬉しい。感謝しています。母方の先祖、水谷家も家のために女、子どもが犠牲となっているから、その人たちも詫びてほしい。父方の島原の五代前の犯せし罪、神様、ご先祖様に許してもらうため、詫びて歩いて忙しい。それが修行です。家族を救うため、私が犠牲になった。弟を頼む、お母さん。体に気をつけて長生きしてください。お母さんも神様に、父親の先祖の犯せし罪を説明して詫びてほしい」と娘は言った。

「明日から詫びるよ」

私は次の日から、五代前の犠牲になった多くの女性に土下座をして詫び続けた。

島原の下の妹の息子が、海外の山で登山中に滑落死したというニュースを私は入院中のテレビで見た。上の妹の娘、そして我が娘と三人が、若くして島原の血筋の犠牲となっていた。なんと不運な家であろうか。絶えさせられる家だ。

そして、人々がいう七回忌に、

「お母さん、ありがとう。弟を頼む。家族なんだから、昔のように仲良く暮らしたかった。夫は供養も何もしてくれない。自ら選んだ宿命だからあきらめている。私のことはできるだけやってくれればいいんだよ、お母さん。身体に気を付けて長生きしてください。子どもが欲しかった。生みたかった」

「望みを叶えてやれず、ごめんね。生まれ変わるときは、健康な体で心ある人たちの家に生まれてね」

父には何一言も残さなかった。仏教では七回忌である。娘はその言葉を最後に、「自ら神の元へ行きます」と天に上がっていった。

私は、娘の霊が再びこの世に生まれてくることを願い望みながら、温かい心ある家に生まれ変わることを祈った。

魂とは心そのもの。未練を残して天に昇ることはできない。生きている者がその未練を成就して天に送るのである。

第3章　先祖詫び供養の日々に光明

血の流れは孫子の代まで続く

娘が帰幽してから、再び私は足繁くナカエドの元へと通うようになった。それには、私の一つの思いがあったからだ。

これまではナカエドと共に先祖の犯せし罪を詫び通してきたが、娘の死で、それだけでは足りぬことを感じていた。菊地家より、島原家の先祖の罪は重い。私にできることは、自分の代で、できる限りの原因を詫び通したかった。血の流れのある息子に背負わせたくない故に。

かつて神の教育中、

——わしは八大龍王なり。この島原家、この多くの者たちに多くの者たちを守ってきておる。お前たちのこの先祖は、わしらの存在を忘れているのではないか。水の場、海、海を荒らしておるぞ。

そなたの先祖は海において戦をし、龍神を利用したであろう。そなたたちの先祖は、昔は武士で、船での戦い多かった。この龍神のおかげで負けたことなかった。そなたの先祖は昔から、海に縁のある先祖。山、水を守り、自然現象を守る。八大龍王なるぞ。わしらに世話になった恩を忘れるでない。よくよく申し伝える。

この菊地家の先祖はそのような流れの中にきておる。神のさとし、先祖の争い事、恨み怨み。誰が悪いのではない。家庭があり、親子があるも、先祖の犠牲となった方々の供養したことござらん。そのものたちがいればこそ、島原家あることを感謝せねば、そのものたちの供養すること、そなたに仏が申しておる。そなたに頼んでおる。そなたの信念は、縁あってとついだ島原家の供養、先祖の犯せし罪を詫び通して、神の許しを請うてほしい。


先祖が原因をつくり、その家に縁持ち、それを因縁。

縁を持った者に現在、その結果が出る。それが因果。

今を生き、その因果を受け継いでしまった者は、原因まで戻って、詫びなければならぬ。

これが神の教育の課程。

先祖に詫びる心。先祖の犯した罪を己の犯した罪として、白い心、素直な心で神に詫びること。心からの感謝、相手を思う心が湧いてくる、因縁は徐々に解けてきて、原因を一件一件取り除いてくれるのが大いなる神である。

これまで我が身を辛くした日々の因果の元はどこにあったか――。

それは島原の先祖から受け継いだ汚れた血と、その先祖に苦しめられてきた霊たちの怨念であり、悲痛な叫びだ。それが娘の命を奪ったのだ。そして島原家に嫁いだことは、私の運命だったのか……。自らわかっていたのは、島原の先祖と島原がグルになり、金、女を欲し、不法侵入したことであった。時代が時代とはいえ、心ない数々の悪行。島原家が代々重ねてきた罪を己の罪として詫び通すのが私の課された役割であった。血の流れの子を生んだために。除籍したのに！　また、我が菊地家にあっても、神仏の存在をおろそかにし、神への感謝の心を忘れ、今も行き場なく苦しんでいる先祖の霊がいる。それが私の身を痛めつけてきたのだ。その報いを今、私は体で受けている。私は十人きょうだいなのに……どうして私が背負ったのか。

私は島原の父方の祖先、母方の祖先。そして私自身の菊地家の祖先たちの今ある状態を一箇所ずつ訪ね歩きながら、そこにある霊たちに詫び通したいと自分勝手に決めた。

詫び供養の日々

あるとき、私の部屋の神棚の後ろのクロスに神社が映しだされた。それを写真に収めて、ナカエドのもとに持参した。

「ここに映しだされた神社はどこですか？」

――焼き討ちにあった熊谷城内の中にあった。大勢の者たちが戦に行く前、願かけた神社。熊谷城を守ってくれたところがかなりある。犠牲になられた方々もたくさんおる。焼き討ちで城とともに燃えた神社。その後やる者がおらず、そのままになっておる。母方の祖母の実家なり。たくさんの人が集まっている。鎧を着て戦にいく前に槍、刀を持ち、願をかけている姿。熊谷城内の神社。神に仕えていた中根家（祖母の実家）は武士であり、神官であり、総責任者であり城主であった。やはり今まで色々な人のもとにおいて、それらしきこと見せてきたが一人も気づかずにきたなり。この者に託すなり。男が皆ダメ。神罪受けておるなり。根を詫びさせるために姿を見せた。詫び通していくそれなりのことを与えてあるなり。それが役目。心願成就叶える。

「お礼なし、謝罪なしできたことをお許しください。元なる本宮へお返しください」

私は毎日詫びていく。私の心願成就は、別れた島原との完全縁切りだった。神はすべてを私に認識させた後に、叶えてくれるのかもしれない。

多くの者たちが、戦に行く前に願をかけ、戦に行き、帰れた者、帰れなかった者も多かった。焼き討ちにあい、現存しないが、御分霊は未だ行き場なくもその場に留まっていたのだと教えられた。今は自宅の神棚に鎮座していると報告があり、私に託された。熊谷城境内にあった神社に鎮座していた四柱の本宮へ神恩感謝の御礼参りに行かせていただいた。平塚八幡宮、山の神、三島大社、鹿島神宮、香取神宮。分魂の話はしていないのに、人の世は神を利用して金儲けか!!千葉の社で神の御分魂がバーゲンセールになっていた。「ご分魂は八万円です」。神の写真はいまだ返っていない。人間界の欲の世界を見せられたのか。教えられたのか。

私は熊谷城のあった場所を数回訪ねた。すでに城跡はなく、熊谷寺というお寺になっていた。お墓が立ち並ぶ。三回行ってみたが、鍵がかかってどの入口からも入れなかった。

あるとき、かつて城のあったあたりを歩いていると、小さな女の子が私のそばにやってきた。

「近くまで来てくれてありがとう」

その姿に私ははるか昔の記憶が蘇った。

「あなたは小学校に入って、一年生の五月頃、はしか脳炎で亡くなったえみこちゃん?」

「そうです」

あのときと同じく、目鼻立ちの整ったかわいい顔は忘れられない。祖父母の家にいたとき、おじさんが授かった初めての子ども。神の元へ上がれぬ魂のため、私はその後も何度もこの地を訪れ、祖父母の墓参りをし、神への詫びを繰り返した。

――二柱神社、御礼参拝すること。

平成二十八（二〇一六）年の元旦には、平成九（一九九七）年にこの言葉を聞いていたので、遅くなったがお礼参りに行った。熊谷城主の娘が猪俣城に嫁ぎ、安土桃山時代に建立した社であった。城跡は社の左上方に残っていた。

――氷川神社、鹿島・香取神宮、その家の守り神、武士の時代から家で守り神として大切にせよ。

と、二月の終わりに写した写真の答えだ。

また、母方の本家の墓は秩父の山にあるという。もともとは神行をした、水神、龍神が飛んできた古い神社に押し込まれた御魂だという。その神社は朽ち果て、その後、人々にその存在を忘れ去られていた。行き場のない神のご分魂おろそかにしてはならない。いちばん大切なことはお礼とお詫びである。ご分魂を出された神社に、三十年、五十年に一度でも大元に納めていただきたい、と願います。

さらに私の父方、菊地家の先祖たちの犯した罪が重くのしかかる初島へも足を運んだ。

初島は独特な島で、江戸時代から長く四十一戸しか居住できないまま、この島は守られてきたのだ。私が訪ねたのは、一軒あった同じ姓の家。そこのご主人に墓の事を尋ねると、意外な事実が明らかになった。

「磯の石で作った祖先のお墓は、今どうなっていますか」

「親父が墓を別に作って移せと言ったから、別の所に移しました」

この一族は、氏と居住権を継承しながら、独自に新しい墓を建立し、先祖の墓は放置され、無縁にされていたのである。曾祖父まで入っていたのに。人の心根の変革は情けなかったと、そのとき心の中をよぎった。

菊地家の初島の先祖の中には、行をし、人助けをした者、金毘羅《こんぴら》神社建立に尽力した者がいた。航海の神として崇められている金比羅さま。無縁にされた先祖の中には、毎朝起きれば太陽に手を合わせ、海に手を合わせ、感謝をしていた人が、神社を建立した。舟の神として写真に写っている。我が祖先であった。しかし初島でその墓は放置され、無縁とされていたのだった。

私は山の上に登って、神仏に詫びて、未だ無縁とされたままのご先祖様に「私は菊地家の血の流れを受けし者、今日はお詫びに参りました。先祖とまた犠牲になられた御霊等、この場において心から深くお詫びさせていただきます」と詫びた。

すると、この地にあった先祖霊、さらに無実の罪を着せられて初島に島流しにされ、島を抜けようとしたところ見つかって命を落とした残魂たち、すべてを神が許してくれた。

――やっと今までの神と先祖の社を火事で焼いてしまったもの、また家を捨ててしまったこと、そのときに置いてきたもの、やっと今まで神の元において供養、詫びてくれたこと、根から許され、ゆくところに行かれた。

うまくいかぬこと多くて神の元行かれた先祖、苦しんで色々さとされ、意味わからず来てしまった者たち、やっと許されたなり。

ナカエドにより「菊地家、終了しました」との神からの言葉をいただき、我が父方のお詫びが終わった。嬉しい限りであった。

だが、島原家の供養は、いまだ終えることができていない。あまりにも罪が重すぎるのだ。

故郷の白河村で罪（自殺）と共に残っていた島原の祖母、クニさんだけが許され、天国に受けていただけた。詫びていると相手の痛みが手にとるようにわかり、涙が出ることもある。

私は血の流れを継承した息子のために、これからも島原の先祖、義母の先祖の罪を、己の罪として詫び通さねばならない。詫びる心は皆無の一族だから。

息子を救うのは神であった

島原家の断ち難き因縁で、三十七歳の若さで帰幽した娘が、この世で最後まで案じていたのが弟のことであった。我が一人息子は、高校を中退してから、ずっと恵まれない人生を歩んでいた。それは私にとっても大きな心配事であった。

まだ御嶽教のナカエドに足を運び始めた頃、息子と同行して神にたずねたことがある。そのとき神は、

――今この者、心が決まらず苦しんでおり、好きな道がわからずおるが、この者心優しく、なかなか望み通りに事がはかどらず、今、おのれの人生かなり苦しい立場におるが、この者はいずれ神のはいとして気持ちが落ち着くであろう。今、この場において、神に仕える心、授けよう。

息子にも、娘の命を奪ったあの島原の血が流れている。これは私方の血なのか、やはり娘と同

様にもともと霊感が強く、霊の存在を感じやすく、目で見る。幼い頃より、島原とともに戦国武家たちが犯した罪の怨念があふれる血を受けつぎ、こうした解き難い苦しみの中で暮らさねばならず、夜になっても霊がうるさく、眠れない日々が続くのだという。

ナカエドとの縁を作ってくれた方は、娘が赤ちゃんのときに預かってくれた人の妹さん宅で祝詞をあげたことがある。奉上しているのを後ろから見ていた息子が「最初、目の回るような速さで龍神がグルグル回っていたけど、だんだん静かになって、祝詞が終わる頃、龍神は動かずこっちを見てたよ」と言っていた。当然のことであった。その方の義母は龍神さんの信徒で、娘二人に龍神さんから名前を付けてもらったという。龍神さんも落ち着いて鎮座していた。

お礼もせず、感謝もせず、お参りしても、通らない世界である。

息子のことはすべて、島原家の先祖の因縁を引き継いでしまったことが大きな原因となっていたのである。産んだ責任を果たせるまで、私が親としてできることは、先祖の犯せし罪の詫びと供養しかない。

私が島原家の霊に詫び、供養を祈願する旅を続けていく中で、少しずつ息子の心の変化を見た。

——やりたい放題やってきて、反省している。小さい頃からの親を思い出し感謝と反省の日々。神に与えられたこの期間。良かったな。息子の心救うなり。人に騙《だま》され利用され、裏切られたりを多く経験し、人生に自暴自棄になってしまっているが、この者優しい心を持っておる。

やっと神も、息子の援護方針を定めてくれた。

息子は心に落ち着きを戻したかに見えたが、父に言い含められ、今本人の心は定まりきれない。親のことを考え、自ら反省するようになってきたが、息子自身が神と向き合い、私と同様に自らの役割を理解できるようになるまでの時間を神はしっかりと見てくれている。

息子は今後は神の元で勉強をする。すべての因縁から解き放たれつつ、自身の本来あるべき神の導く道を歩むだろうと思っていたが、島原は反対し、厚生年金はあるか、社会保険はあるか聞かれたと話したので、ナカエドに伺った。会社組織ではないので家では無理、というのが答えであった。神仕いは会社組織？　……人数のいる神社と違うのに。

罪深き者、解きがたき因縁

これまで付き合いもなく、住まいも知らなかった長兄の賢一が、娘の帰幽の後、平成十七（二〇〇五）年になって、突然連絡をしてきた。そして娘の死を聞いたと言って、私の住む家にやってきた。

お悔やみでも言うのかと思ったら、陰膳に線香の一本も上げもせず、突然、神棚の前で唱え始める。

「天照、天照、天照、力をください」

私はあっけにとられてその姿を見ていた。

この日をきっかけにして、賢一が私の身辺にまとわりつくようになった。あるときは賢一と親しいという会ったことのない女が私の部屋にやってきて、夕方まで居座った。カーナビで来たのである。カーナビが恐ろしかった。

「賢一とここで待ち合わせをしているので、部屋で待たせて」

だが、結局賢一は来ない。度々電話がかかり、用がある、もうすぐ行くと言っては、私を足止めしていたのか。私は身動きが取れず、拘束されているような感じであった。

賢一がなぜ急に、私に近づいてきたのか。

菊地家の血の流れを持つ長兄の賢一は、以前から霊感は強かったようだが、天照大神が自身に憑いていると言いふらし、多くの人を集め、迷わせ、金を貰い、ハーレムのような生活をしていたのだ。その内容は神が教えてくれた。我が目でも確かめに行った。

これまで神との会話の中で、先祖の生き様、菊地家の血の流れをたどると、神との縁に行き当たる。母方の祖父が、かつて水神、不動で修行していた行者、弁天様をやっていた人であることがわかった。寺の裏の行場の滝には、龍神がいた。祖父が帰幽後に、頼ったのが賢一だったのだ。

彼は祖父の行者の力を利用して、我は天照大神と生き神を名乗り、女たちを集めてハーレム生活をしていた。また、病気や仕事、家庭で悩んでいる人たちを利用し、調子のいいことを言って金をかき集めて、神の仮面をかぶった、金、金、金、女、女、女、欲の男であった。その女たちをつれて初島の墓へ行き、大騒ぎしてお経あげたと聞いたが、何のお役にも立っていなかった。あるとき、どんなことをしているのかと様子を見に行ったが、内容はすべて意味不明。神仏もわからずゴチャまぜで、トンチンカンだった。自分勝手に、神と話せる人を呼び、病人たちを狙い撃ちしているようだった。

私はこんな男と付き合いたくないと思ったが、賢一は私に固執していた。

「あんたと俺は、こっちで一緒にやることになる。あんたが先生となって、俺が審神者《さにわ》から生き神になる」

私が神に問うと、不動行者の祖父の霊は、はじめ長男である賢一を頼って力を授けたものの、その行いを見て見切り、次に私を頼りにしていることがわかった。賢一自身も自分の力が、徐々に落ちていることがわかって、私を利用しようと必死だった。

その頃から、賢一の家にいた青い龍神が何度も私の前に現れるようになっていて、床面や三段の神棚まで、濃い青色のベールをかぶせたようになってしまった。

私の神力を欲しがり、不動と青い龍神を巧みに使い、ガンジガラメにされた十年間だった。神は十年前に神の力を授けてあったと私に告げた。私が神に報告したあと、兄の力はどんどん落とされ、その分兄は私に固執していった。

悲しき兄の末路

平成二十九（二〇一七）年の一月の終わり、留守番電話に「電話をください」とメッセージが残されていた。知らない電話番号で、声も違っていて誰なのか気になってかけ直してみた。

「賢一だけどわかる？」

私は兄と話したくはなかったので、

「聞こえない、聞こえない」

と言って、電話を切った。

私はその前の年、平成二十八（二〇一六）年の十二月に、夜空に長方形の箱型が見え、徐々に大きくなって空いっぱいに広がった。神は、賢一の棺桶を見せてくれたのだ。納得がいった。わずか一か月半で帰幽したが、私の家に住み込まれ、私は不眠続きを神に報告した。

それからまもなく、神より賢一の声を聞く。

「神の元、今まで苦しませてすまなかった。神の元において、今まで考えもしなかった。この所において、供養してくれ。今までやってきたことの罪を詫びてくれるということ、この上なく感謝でいっぱい。

体を痛め苦しませ、色々罪深い私。許してくれること、なかなかできない。今まで辛かったと思う。御嶽の元、供養してくれたこと、神々のもとへ行っても、神のこと忘れず、妹のこと、神によく頼んで、神の元に行かれる私ではない。今はまだみんなの所に行くことができない。罪は罪としてやはり、おのれの罪、先祖に詫びていく」

本人の霊がわかってくれたのかと、ナカエドが神に許しを乞うた。

「神仏、自由に扱い、多くの民を迷わせ、妹を苦しめ、長男でありながら親の面倒を見ず、思うまま、身勝手、自分勝手に菊地家の長男としてこの世に生きてきた。結婚、再婚を繰り返し、妹を利用するため苦しめ、体を痛めていた。その妹が兄妹であるが故、神に謝罪しております。数々の罪を犯した兄を許していただきたいと、詫びています」

だが、賢一の罪は重すぎた。神が許すことはなかったのだ。私も許しきれない。賢一は天にも上がれず、この世にさまようこととなった。

再び兄は神に詫びてほしいと私に訴えてきた。

「行き場がない。苦しい。誰も供養してくれない。子どもの所へは行けない。好きなことをしすぎた。子どもに相手にされず、見放された。妹についていれば神の元へ行ける。自分のやってきた神仏は、怒られて許されるものではない。地獄界へ行って修行しなければならない。菊地家の先祖、土下座してでも、地獄に落ちるのも覚悟しています。故に今までの罪だけ、妹に、神の元へ許しを乞うてほしい」

「行く所は地獄がある。三か月間、私のもとに住み込んで、夜中寝かさなかったではないか。寝かせてほしい」

「自分自身、わかって欲しくて今までいた。自分のこと、わかってくれれば行く所へ行く。父の墓のそばにいる」

「人間界に迷惑をかけないで」

「自分自ら作った罪、自分が修行。詫びて生前の罪を許してもらわないと行く所へ行けない。詫びてくれるのはお前しかいない」

私は神殿で兄賢一の供養を行い、その後、御嶽大神である国常立尊《くにとこたちのみこと》、大己貴命《おおなむちのみこと》、少彦名命《すくなひこなのみこと》の三柱の神が迎えに来て、私の部屋から父の墓へ賢一を連れ出していただけた。

「自ら帰る家がなく、見るものもなく、居場所がない。やっと父の所へ行かれる。自ら生神になり、神の御名を傷つけ、多くの者たちに迷惑をかけたこと、今、一生懸命に詫びます。気づかせてくれてありがとう」

しかし私はしばらくすると、不眠に悩まされるようになった。あるときなどは、私の体は冷え切ってしまい、お風呂に入っても上半身は汗が流れるのに、下半身は洞窟の中にいるように冷えたまま、一向に温まらない。さらに胃まで痛くなり、夜間診療の病院に駆け込むと、胃潰瘍だと診断され、飲み薬をいただいた。賢一は、父の墓の前に行ったものの、父親にも相手にしてもらえず、結局五月になって私の自宅に戻ってきてしまったのだ。

そして私に神への詫びを懇願する。

神は言う。

――望みなく、神も仏も許すことがない故に、『**命あるときに過去を悔い改めないと**、人は亡くなった後、行き場なく、嘆き苦しみ未練が残り、心から行く所に行かれないのである』。

賢一には行き場がないのではない。地獄がある……。私は言った。

これぞ、人間の生き様の結果である。感謝ない者たちの霊は、やってもやってもすぐ戻る状態で、この世をさまようことしかできないのだ。

神は私の家には入れないと約束してくれて感謝している。その後、隣の敷地からこちらを見ていた日もあったが、今は見ない。そのときは一度。これで賢一の霊も私の所へ寄り付けず、さまよい続けるのである。

神からのメッセージ

今から八年ほど前、布団に入り寝る瞬間、右目に目の裏側が見えるようになった。さらにしばらく経つと、目の裏側の血管が見えるようになった。一か月くらい続いた後、症状はないが近くの病院で目のレントゲンを撮ってもらうと、網膜が少し黒く写っていた。

大学の附属病院の眼科で診療を受けた結果、医師は、左右の目にそれぞれ網膜が二枚ずつあると言う。果たしてそんなこともあるのか。加齢が原因だと説明されたが、体のものが後から二枚ずつに増えるとは信じられない。私は、先天性のものではないかと考えている。毎月検診していたが、通っていたプールに設置してある円形の時計が、楕円《だえん》形に見えるようになってしまったため、病院に行って症状を説明した。すると、右目は失明の心配があるというので、入院した。そして二枚ある網膜を一枚はがす手術をすることになった。左目の網膜はとくに今は症状が出ていないので、網膜はまだ二枚あるままである。

この話を眼鏡屋さんにしたところ、そんな話は聞いたことがないと言われた。先天性なのか、後天的なものなのかはわからないが、そのうちに神から教えてもらえると思っている。目を閉じて見える。神が見せてくれたと感謝する。

ただ、私の目は他の人には見えないものが見える、というのは確かなようだ。

平成二十八（二〇一六）年の九月の雨が小降りの夜のことを思い出す。

私が部屋の中で、右目に米粒くらいの光が見えた。なぜ右目に見えたのがわかったかというと、左目を伏せて見るとその光が見えるのに、右目を伏せると、光を見ることができなかったからだ。

そのときから、神は右の目で見ることができることを知った。

その夜の光は、一瞬のうちに空へと舞い上がり、薄くなったり濃くなったり、中心が大きくなったり小さくなったりしながら徐々に大きくなり、空いっぱいに広がった。実は以前から、こうした光の存在を何度も目にすることがあったのだが、そのときの光の瞬きは、何か特別なものを感じさせた。

九月で蚊《か》が多い夜だったが、二十分くらい私はずっと空を見ていた。

あまりにもその日の出来事が印象的だったので、後に、私は神に問うた。

「この日見た神の名は？」

——神の仕いなり。地球が色々なことで熱してきている。色々な国でも水の災い、火の災い、紛争、大地の揺れなど出ている真の神である。

「真の神とは？」

——地球全体を牛耳っている神である。人間界と天界を結ぶ神。名は無名なり。今、行く場がないので、色々とこの世の流れを見ているなり。

世の中がすべて神を信じる者がいないゆえに、神の集まる場所であるこの場を神の館として、神が道開くゆえに、この場にすでに何人かの者たち、頼ってきているが、多くの者たちがこの場に来るであろう。道開くなり。

人間は神を信じないから見せている。助けてほしいときている。人のこと、お願いしてあげているので救ってやってほしい。

「私は神と会話ができません」

——神の答えは必要でない。その人によって受けることが答え。心の支えの場が必要であり、行く場があれば素直な心になる。神は無限。

人に見えないので信じないのであろう。見えない代わり色で出しているので、その場に、館の前に一時間でもいて、心から神に額づき、向かって、道開くなり。そしてその人の心で道がかわるものである。

「神の一番の教えはなんですか?」

——詫びることにより答えが出る。それがまことの神の教えであるなり。

この魂に救いはあるか

二年ほど前から、心臓が急にドキドキと苦しくなることがあった。だが脈に手を当ててみても正常。心臓だけがドキドキする。気になって何度か病院へ行って心電図で調べてもらったが、いつも正常と言われた。

一度、病院で定期検査しているときに、いつものように心臓がドキドキした時点で、心電図にいつもと異なる波が出た。それでも医師は異常なし、の診断だった。

この心臓のドキドキはどこからくるのか――。ふと、島原の母の死に際を思い出した。義母は最後まで苦しみながら逝ったが、肉体を脱ぎ去り、霊だけになり、その苦しみから逃れられていないのである。心がこの世に残る証しであった。

島原はすべてを依存する人間なので、断ち切るために毎日神に報告を続けていた。あるとき島原が心臓が痛くなったようで、私に助けを求めに来ていたのである。

姿なき島原の声で起こされる。

「お前って女は」

「あの女は俺のことを心配しない……」

第三者にいう口調である。

いつまで経っても、この親子は変わらない。

義母は、亡くなる一年ほど前、突然、私に会いに来たことがあった。いつもの態度とは異なり、神妙な顔をしていた。そして意外な言葉を吐いたのだった。

「強いことばかり言って申し訳なかった。これまでのことは水に流してください」

何を心変わりしたというのか。だが私にとっては、その一言で許してしまうにはあまりにも過酷な年月だった。

「なんで水に流せますか。本当にすまないと思うのなら、これまで親子でやってきた年月を返してください。私は今話している時間を返すことはできません」

義母は本当に改心したわけではなかった。自分が長くないことを感じていたのか、息子のために私に頼みにきただけだった。

「息子のことを最後まで面倒を見てください」

この言葉が証明だった。私はほとほと呆れてしまい、「お断りします」と答えて相手にしなかった。珍しく食事をしないで帰っていった。

義母が亡くなった後も、その霊は現世での行いに、死しても天に上がれることなくさまよっている。二年ほど前から、私の部屋に義母は住み込んで深夜の三時頃まで寝かしてくれない。義母は懇願する。

「手を合わせる者もいない、素直な心であなたを嫁として見てやらなかった。私の罪、今色々なことが出てきて居場所がない状態で苦しい。祈ってくれる所へ来た。すべてを詫びるつもりです。すべて許してくれるとは思わないが意味のないことかもしれないが、家の片隅でいいから神様に詫びて欲しい」

これは生き様の結果である。木の股から生まれたが如く生きた人間の姿……。長男の妻は家まで売り払い、ほかの土地に移り住んでいる。先祖供養せず、我が子の骨を人の骨壺に入れ、私が私がと自己中心で生きていた。子どもたちは姑の姿を見て育ち、残った金を分け、墓参りもせず、欲の塊であった。その子どもたちは義母の生き様にそっくりだった。見栄、プライド、地位、名誉、金という欲と権力を追いかけた。この世を去るときに何を持っていけるというのだ！

義母の詫びはしない、できない。子どもの所へ行きなさい。

「私はあなたたち一族が苦しもうと、すがろうと、私は詫びることはできない。なぜならば代理謝罪で神に許されても、霊の昇進なくして生まれ変われば、また世の人々を苦しめるからだ」

神の元、毎日祈願を続けている。

今、私がこの者を許さないのは、まだ生き様を本当に悔い改めていないからだ。自分が今苦しいから、詫びて欲しいと願う。それでは本当に霊は清められていない。生きているときだけでなく、死んでも人に依存する。欲以外の何ものでもない。仏教では地獄に落ちたら千年苦しむという。本心からこれまでの行いが悪かったと悟り、心底反省をすることができるであろうか？　正しい心を持てなければ、天国に上がれず、再び生まれ変わることができない。私は義母の魂を救うため、今あえて、神様に詫びることを拒絶したのだ。

私に頼ってきた義母とは二十八年前に縁が切れている。義母の霊は、さまよい続けるのである。神の教育は、生きている間に悔い改めないと、このように行き場がなくなり、浮遊することになる。やってきた罪に落ちればよい。「先祖の墓に入れてもらえず、苦しい」と私に言いに来たが、神が私の家に入れないようにしてくれた。今でも土地の中でまだウロウロしている。

神が我に与えし使命

私の家の神棚にはたくさんの神々が鎮座している。国常立尊、大己貴命、少彦名命、三柱の御嶽大神、さらに素戔鳴尊《すさのおのみこと》、猿田彦大神、弁天など、真の大神。私の自宅の神棚にさらに多くの神が来宅、鎮座する。

神はその存在をさまざまな形で私に伝えてくれる。以前から、この神棚の蠟燭《ろうそく》の炎がときおり横に長く伸びたり、大きく光ったりするときがあった。私は撮影しては失礼と思っていたが、あまりに毎日輝きを放ち、大きくなってきたので、写真に残すことにした。撮影した写真を広げ、ナカエドを通して神に尋ねて答えをいただいていた。

——古い時代からの神々が集まり、世の中をきれいにするために動き出している。

また、神棚に灯した蠟燭の炎の回りにピンクの神が現れ、その中にお姫様が手を合わせている後ろ姿が見えた、白い着物で願をかけていた。

——神の御魂、居る故に感謝してよろしい。

「毎日、見える光はなんですか？」

——大和国、古き土着の神である。

——心配することはない。先祖が苦しみのおりに救ってもらった故、大事にしろよ。すべての神が鎮座しておるなり。

「お守りを作りたいのですが、よろしいでしょうか？」

——多くの者たちの家として発展、神棚もあり、神々の鎮座場故に、お守りとして持ってもよろしい。世界に一つしかないお守りじゃ。

きれいな神の写真をお守りに作らせていただいた。

——伊勢神宮の外宮から分魂が飛来、やれるところまでやってくれたら良い。

また、神棚にともした蠟燭の火が天に届く炎であったり、水色（男神）、ピンク（女神）、紫（高貴）、白、神がその存在を私に見せ、「見える教育」を受け、六十八社の色があると教えられた。ご分魂が逆三角形の白い光を放っているが、真《しん》の神である。平成九（一九九七）年、大いなる神とは、真の神であることがわかった。

写真に残してある故、神を信じる方、縁のある方々は見て驚いている。

――世のため、人のために尽くして欲しく、過去縁あった神々が集まっておる。神のことを多くの者に説いていってほしい。世の中、今、時間がない。手を合わせる者少なくなり、信仰する者もなく、この世狂っておる。信仰、神の心根なく、人が自分のことだけ一生懸命やっても、神は動じない。医学科学進んでも、心救うのは神。この世を守る。

さらに二年ほど前からは、「説いていってほしい」が「説いて参れ」と命令指示になっている。神は私に求めている。そして何かが変わり始めている――。四年前から世の変革を教えてくれた。

平成二十九（二〇一七）年の年の瀬、熱海の來宮神社にバスツアーで足を運んだときのことだ。この神社は、実は私にとってとても縁深い所であった。父方（初島）の曾祖母がこの神社の神に、自分の家に来てくれと連れて帰って祀っていた神だった。私が自宅の神棚で、來宮神社へ行ってきますと報告して出かけたが、そのときにこの神が元の神社に帰れると、私に付いてきていた。

その日は天気が悪く、神社に着いたときは土砂降りであった。しかし神殿の前に立つとほとんど雨は上がり、傘を閉じてお参りをすることができた。本殿手前の階段を上っていると、屋根の上に、大きな一メートルくらいの神の存在を見た。その瞬間、ピンク色の光を保ったその姿は、岡倉の下にある空気穴の中へスルスルと消えていった。神に挨拶したあと、賽銭箱の内側に立って本殿を見ると、本殿の中は眩しいほどの輝きを放っていた。

私たちが参拝を終えて階段を下り始めると、また雨が降り出し、バスに戻ったときは、再び土砂降りになっていた。

エピローグ　～我が魂をかけて～

私が神から教育されたのは、先祖への詫びをしつづけることだった。詫び続けたあと、次に教育されたのは、まさに「歴史」の教育である。

あるとき、白い雲が出てきて、社の千木が見え、写真を撮ることができた。近くに焼き討ちにあった出城があった。その城の中に祀られていた、戦に行く前に多くの者が願をかけた龍神の社の千木であった。五年後にわかった。出城は焼き討ちに遭った浅野長政の城であった。

平成二十八（二〇一六）年、神棚に初めて金色の神が現れた。

――住んでいる土地、昔八王子城の中にあった神社と同じ神社があった。今まで色々な人がやってくれたが、今までと違いがあるが故、姿を現わした。住人が神仕いとしてやっている故、姿を現した。居心地よい。今までどおりそなたのこと守るため、この場にいさせて欲しい。

八王子城落城後、四国から来た越智家から雄勝の名をもらい、その後小勝と改名した本家と話した。広く土地を所有していた本家が、私の住むこの地に先祖が神社を移築したのかもしれない。

六十年前頃、昭和三十年代まで神社はなかったが、道路は八幡通りの名称であり、いつの間にか道路名はなくなった。今はただの道路である。近くにある氏神、八幡神社に移したように感じたが、社の神は別の八幡から入魂してあったのだ。この地は八王子城につながる道、神はこの地に居続けたのであった。私は、導かれ、縁のある土地に住むことになっていたのだ。

このことについても、神の言葉がある。

——神、仏、形を見せているなり。そなたのやってきた基本、自ら神の元において、のちのち多くの人を救ってほしい。元社がなくなっているので、御魂が御嶽に帰る、古き土着の神。神々のいる場所であった。神聖なる神の御魂が降りている故に、すでにこの場所、なくなっているなり。その時の御魂がこの地に残っているなり。この場において行き場のない神々の御魂。この家の下にあった水の神、龍神なり。感謝しなさい。そなたの身である。この者も戦に行くとき願った神。願かけたときの鎧を納っているなり。すべて焼かれたとき、色々な分御魂を持ってきて、祀った地でもある。

ナカエドは言った。

「土地の神としてこの地、南東、北西、酒、塩、米、一日、十五日、土地神としてお鎮まりください」

また、この頃から、度々、神からのさらなる言葉をナカエドを通して聞いていた。

――この者、神に仕える者なり。神と共に生きなければ、この者の命もないなり。自ら神に寄って、多くの人々を救う。神が救う。

――これから先、神の世の中となる。火の災い、水の災い、世の中は神がやる世となる。多くのものが来る。助けてやってくれ。

平成二十八（二〇一六）年、私の家の神棚のお宮の左に光が入り、右に移動しているのがわかった。私がその年の二月十六日に、その写真をナカエドの所に持っていくと、神は教えた。

――命なくなる者が多く出る。世の中が大変化。日本と海外。

また、平成二十八（二〇一六）年の五月十一日、神棚に紫色の鏡が現れた。

――水の流れのような、人の人生。すべて己の心根なり。中心の紫、神の鏡。世の中の人の姿よく見分ける鏡。多くの者たちから山ほど苦しみが出てくる世の中となり、自分の命絶つ者多くなる。金がなくなり己の生活が立ち行かなくなる者多くなり。十年見ておくなり。色々なことが出るなり。よく見なさい。

その三か月後、

――今の世の中、人の心根みな欲と金なり。しかし神というものは、その者たちの心見破るなり。この世は神の世とする。

また、平成二十九（二〇一七）年一月十六日、私は大空に大きな淡いグレーの形を三種類見た。それは令和二（二〇二〇）年七月二日に千葉県習志野市に落下した隕石の予言である。

平成二十九（二〇一七）年には、このように言葉があった。

――世の中全体を見ると、人間の力では及ばない、考えつかないことが起きてくる。霞がかった世の中になるだろう。

「歴史」の教育のあとは、「未来」だったのだ。神の教育は「喜び」と「未来」である。神からの予言指導だった。

――気候変動が起きており、特に水の災いに気をつけよ。世界各国で、水の災難出る。

――北朝鮮、韓国、中国、アメリカ、日本、流れが変わるから気をつけよ。

――土地の守り神として守ってくれることに感謝。この先大きな動きが出る。神々が来ているなり。

この本を記している今、世界は大きく揺らいでいる。中国に端を発したこれまでになかったウイルスが、世界に広まり、世の人々に恐怖をもたらしている。これは神が私たちに与えし試練、そしてそこには神のメッセージが隠されていた。

令和二（二〇二〇）年が明けてすぐの一月三日、東南の空に光り輝く星が目に入った。その星はピカピカ光って見えた。南に見えると、ピッカピッカと光り輝き、乱れるような動きをしながら、二つに分かれ、一方の星が上へとあがり、離れたかと思えばまた近づく。それを繰り返しながら微妙な間隔を保っていた。

しばらく眺めていると、豆電球のような小さな光が並んで横長になり、光からは羽根のように見える細い光の線がピカピカ、パタパタと上下に動いていた。中心の光一つだけがピンク色の光を放つ。羽根のような線は、何本も何本も空に撒き散らすように吐き出されていた。豆電球のように見えたのは、多くの人々――。細い光の線は拡散――。

この星は一月中、雲のない夜空ではずっと見ることができたが、二月に入るとさらに輝きを増し、まだ太陽が沈んだばかりの明るさが残る南西の空でも光り始めていた。さらに闇が迫ってくると光はさらに明るさを増した。一つめの星が南で見えた頃、西の空にも明るくピッカピッカ光る大きな星からも拡散が見えていた。

私は、夜空に光の線を放出しながら輝いている星に、なにか不吉なものを感じてその姿をスケッチに残し、二月の終わりにナカエドと会い、神の前でスケッチを広げて、この星は何か問うてみた。この星はコロナウイルスの前兆であった。

――神の元において、世界中の者たちの神に対する心根ない故に、今、とてつもない神でなければ防げない病はびこる。多くの人が亡くなる。

やっと今まで神の世界において、山ほど警告しても、人間界変わらない状態である。やはり神の指導の元において、今までの警告がわかっていないから、いよいよ多くの人たちをこのような状態にしておるなり。

コロナの原点は動物の菌ではない。科学の力によってこれまでになった。戦に使うような力のある、毒性の強い、拡散力の強い菌である。どん底景気に落ちるだろう。

令和二（二〇二〇）年四月二日はいちばんひどい拡散を見せていただいた。

私が見たあの星は、まさしく凶兆であったのだ。そしてこの星の輝きは、今もなお衰えていない。暗くならないうちから空に現れて、細い光の線で拡散し続けている。横並びに豆電球のような光は太い光の線に変わり、西の星からも同様に二か所から広範囲の拡散を見せていた。多くの人たちは太い線に変わり、強くなっていた。これ以上広がらないでほしいと祈るのみであった。多くの場所にこの件を連絡したが、聞き入れてくれたのは都庁だけだった。

私たちは今、これまでの行いを悔い改め、神に詫びなければならない。

神の教育は、縦の線を先行せぬ者、横の線がブツブツと切れ、独りになるということである。世の中の多くの人は、少なくとも自分の人生とつながりのあった父母や祖父母、見える姿に思うことはあっても、直接つながりのなかった三代前、五代前の先祖に手を合わせてはいない。先祖の犯せし罪を詫びる心が大事である。

だが血というのは、過去の先祖たちから脈々と受け継がれ、今の自分につながっている。そのことを忘れ、先祖に感謝する気持ち、先祖の犯した罪を詫びる心や供養する気持ちをもたず生き、現世においてその結果を背負い、その身が苦しむことになるのだ。

代々長く続く家系というのは、縦の線が結ばれる。その中で育ったことを理解する子孫たちによって敬っていくのである。この世の中を良くするためには、すべての人が縦の線（血）、これまでつながれてきた歴史を省みて、祖先から受け継いた名前、血の流れへの感謝をし、先祖の犯せし罪を詫び続けていくことである。天、人、地。

今、この世界で起こっている出来事は、こうした人間界の行いに対して、神の答えの現れなのである。神はさらに未来を予言する。

――**日の本の国では、古い山が爆発するであろう。**

「いつ頃ですか？」

――**来年の春頃**――。

地球は今、色々なことで熱してきている。真の神からの教育課程の一部である。示すものは何かを、私たちは今もう一度、考えなければならない。

令和二（二〇二〇）年五月十一日、午後六時五十分のまだ明るさが残る空、雲の間を拡散中の星。昨夜から少しずつ遠く、高く、小さく見えてきた。最後は五月十七日。その後、雨が続き、雨が止んでも雲に隠されて見えなくなった。地球の公転で星の位置が変わった。多くの人々に拡散しつづけたメッセージが、日本列島が拡散していた星の下にあった。

この本については、神の教育課程の中で、「神の存在を世に説いていってほしい」から「説いて参れ」の命令指示に変わり、その指示に従う心、その使命を担って書かれたものである。

今回、本を出版するに当たり、伊豆の山本長五郎（清水の次郎長）の墓石を訪ねて、長五郎さんにその報告と、そなたの名前を出してよいかと尋ねた。

――今の考えは悪いことではない、わしも応援する。来年から神仕い。やっとチャンスがきた。多くの者を助けてやれよ。

との返答をいただいた。

最後に、神道宗教学会理事、國學院大學講師、新しい歴史教科書をつくる会理事を務め、日本の歴史を神代から教えてくださる高森明勅先生に謝意を表したい。高森先生は日本の神話から国学までお教えいただいた恩師であり、神の存在を書籍に残したほうがよいとアドバイスしてくださり、この本を書くにあたり、出版社を紹介していただきました。

時は満ちた。

――欲に走る菊地家の血の流れを切る。多くの者を助けて参れ。

神託も与えられた。

この本がもうすぐ書き終わるというある日、眩しくて見ていられないほどの神が現れ、私にこう教えた。

――神が信じて集まっている故にこれからも頼みます。

小勝という名にした本家の先祖がこの地に八幡様だけを鎮座させ、近くに造られた神社は他の分魂を祀った故、この地に残っていた。しかし、今ここに、八王子城跡内に残してきた神々が舞い降りたのだ。瞬間の写真もある。

たった半畳の狭い神棚にたくさんの神が集った。

令和二（二〇二〇）年六月五日、私は神に神仕いとは、何をするのか質問した。

――発信して参れ。

神からはこう告げられた。

――神の鎮座場所として、住まいの神棚で良い故に一月一日、七月一日の年二回で宜しい。この所に神々に召し上がってもらう物をささげなさい。赤、白の餅は龍神にあげなさい。

神からの指示もあった。写真を広げて問うた。

――神の鎮座の姿なり。やっと今まで見せてきた色々なことが見えてきた。そして居場所を作ってくれたことを感謝する。神は人間界を一つにするために与えておるなり。その一つに世界の神々が多くの人々に試練を与えておる。

イザナギ、イザナミも現れた。

――朽ち果てた神社の神々の親神、イザナギ、イザナミである。生きるも死ぬも神の懐な、人間たち好きなことしても神が選ぶことを悟りなさい。神の元において人間は生を受け、この世に生きることができる。四年前、各国から神々が集まり、相談した。この世乱れすぎ、己々の欲、名誉、権力しか考えない者多くなり、この世に新型ウイルスなるものを与え、人間を動かす神の姿を見せているなり。

私は「イザナギ、イザナミ大神、天照大神、御嶽大神、六十余州の鎮座大神、八百万大神、写真と神の指導を記し、出版させていただくことのご共感をいただきますよう、よろしくお願いいたします」と出版の報告をした。

――神々の分御霊。人間がかつて分魂をいただいてきて、神を祀り、生活の糧にしていた神社がたくさんある。朽ち果てた神社の神々は泣いている。欲ではなく、喜びとなる神社の神々一同、この者に頼って集った。人間界でわからない、見えない形をもって、姿をもって、神から与えられた人、神仕いを与えた。出版したことにより、どのような、どのくらいの人の目に留まるか。歴史の写真ではなく、未来の動き、人間を動かす神の姿を見せた。神のなすこと、世界中の者たちの心一つに……。神々の自然現象をもって色々なことが出るであろう。今こそ、人間は目の前にあるもの、形あるものを信じている。そなたをもって今形を見せたのである。神の姿、光の元を見せているなり。神々ご降臨するときの姿見せているなり。出版後、全国の神々、先祖、たくさんの者たち、皆応援している。

私は、写真と神の指導を記し出版させていただくことの感謝を伝えた。

――正しいこと、やらねばならぬことを、使命感をもって、この者に託しておる。出版されることにより、すべての者の心の中が見えてくるようになれるであろうが、皆の者興味本位である故、心引き締めてやるがよい。世界に発信して参れ。世界の人間、心一つになる元であるなり。

大変な重責を感じ、私は言葉が見つからなかった。

そしてやっと、この原稿が完成しようとするときに、私に、さらなる神からの指導が与えられた。

――救う神である。体は神のものなり。その体が元で生きていられる。神はそなたが必要な故に、名を変えたとて、神の道を行くことによって、体は良くなっていくだろう。今後のこと、病の数々してきたこととは、島原の先祖のやって来たことの罪を背負ってきたこと。

前世、男であり、山から山へ修行し、この者は世の中の人々を病から救った者なり。そして多くの者たちが色々な土地にいるのは、色々な所にて修行しながら多くの者を助けにいったその姿なり。そのときに多くの者たちの病気を治した。神に相当の願いをかけ、かなりの人たちの命を救い、病を治したことの心根が言えないまま、この世を去っている故に、感謝と礼を申すがよろしいなり。今までの痛み、苦しみ以上の痛み、苦しみを神の力によってここまで治していただき感謝することなり。今このように生きていられること、神に感謝することで道開けるなり。

世界中が猛暑、多くの者たちが水分不足出てくる。世界の裏の星からいろいろなメッセージが入ってきている。火と水の神である。地球を救うためにご降臨した。山の神々に力を貸すために、この世に必要な神々が人を救うために来ているなり。救わないとこの世の中の限界である。狂っている世の中を救うために、イザナギ、イザナミの時代の原点を見せているなり。神代の世界を見せている。神棚にご降臨させた。

私はまもなく神仕いとして神とともに生きることになる。神の教育に感謝し、残りの人生、神と共に命尽きるまで、世のため人のために生きていく覚悟でおります。

著者プロフィール
凰祥（おうしょう）
23年間の神からの教育、体験の一部をもとに本書を綴る。

神が教育する故、神を信じてついて参れ
なぜ頭の良い血統に実行できず、馬鹿な血統に実行できたのか？

2020年12月15日　初版第１刷発行

著　者　凰祥
発行者　瓜谷 綱延
発行所　株式会社文芸社
〒160-0022　東京都新宿区新宿1－10－1
電話　03-5369-3060（代表）
03-5369-2299（販売）

印刷所　株式会社フクイン

ISBN978-4-286-21637-9